锦囊

时间岛⊙编著

北京联合出版公司
Beijing United Publishing Co.,Ltd.

图书在版编目（CIP）数据

锦囊 / 时间岛编著. -- 北京 : 北京联合出版公司,
2025. 3. -- ISBN 978-7-5596-8278-9

Ⅰ. H136.33

中国国家版本馆CIP数据核字第2025Q08N89号

锦囊

编　　著： 时间岛
出 品 人： 赵红仕
责任编辑： 周　杨
特约编辑： 胡展嘉

北京联合出版公司出版
（北京市西城区德外大街 83 号楼 9 层 100088）
三河市同力彩印有限公司印刷　　新华书店经销
字数 208 千字　　720 毫米 ×1000 毫米　　1/16　　9.5 印张
2025 年 3 月第 1 版　2025 年 3 月第 1 次印刷
ISBN　978-7-5596-8278-9
定价：68.00 元

目录

CONTENTS

励志笃行
志不强者智不达，
言不信者行不果。

锦囊：追求理想要有坚定的态度，即使在逆境中也不放弃。

金句：老当益壮，宁移白首之心？穷且益坚，不坠青云之志。

——［唐］王勃《滕王阁序》

锦囊：通过读书可以丰富人的精神世界，实现人生价值。

金句：安居不用架高堂，书中自有黄金屋。——［北宋］赵恒《劝学诗》

锦囊：常读书会使人脱离低级趣味，养成高雅、脱俗的气质。

金句：粗缯大布裹生涯，腹有诗书气自华。——［北宋］苏轼《和董传留别》

锦囊：一件事重复的次数越多，做得越熟练，越会了解其中深意。

金句：旧书不厌百回读，熟读深思子自知。

——［北宋］苏轼《送安惇秀才失解西归》

锦囊：阅读要广泛涉猎，勤于积累。

金句：博观而约取，厚积而薄发。——［北宋］苏轼《稼说送张琥》

锦囊：要有不拘泥于世俗、追求高远理想的豪迈情怀。

金句：抬眸四顾乾坤阔，日月星辰任我攀。——［北宋］苏轼《失题二首》

锦囊：要想成功，除了有才华以外，还要有坚强的意志。

金句：古之立大事者，不惟有超世之才，亦必有坚忍不拔之志。

——［北宋］苏轼《晁错论》

锦囊：做人要实事求是，不谄媚，不图虚名。

金句：不曲道以媚时，不诡行以邀名。——［东汉］崔寔《政论》

锦囊：要豪情满怀地追求理想。

金句：大鹏一日同风起，扶摇直上九万里。——［唐］李白《上李邕》

锦囊：尽管前路困难重重，只要不断努力，终能实现理想。

金句：长风破浪会有时，直挂云帆济沧海。——［唐］李白《行路难》

锦囊：对待人生，应豁达和乐观，即使遭遇挫折和失意，仍坚信自己的才华终将得到发挥和认可。

金句：天生我材必有用，千金散尽还复来。——［唐］李白《将进酒》

锦囊：在逆境之中，少年应奋发向前，无惧困难。

金句：少年负壮气，奋烈自有时。——［唐］李白《少年行二首》

锦囊：面对失败，我们应不气馁，总结教训，才有机会反败为胜。

金句：江东子弟多才俊，卷土重来未可知。——［唐］杜牧《题乌江亭》

锦囊：要有必胜的决心和勇气。

金句：冲天香阵透长安，满城尽带黄金甲。——［唐］黄巢《不第后赋菊》

锦囊：坚定心中的信念，即使经历挫折，也不忘初心。

金句：月缺不改光，剑折不改刚。——［北宋］梅尧臣《古意》

锦囊：不要忧心眼前的困难处境，总会有解决办法的。

金句：莫愁千里路，自有到来风。——［唐］钱珝《江行无题一百首》

锦囊：从点滴做起，不断积累，才能有所成就。

金句：山不让尘，川不辞盈。——［西晋］张华《励志诗》

锦囊：年轻人要勇于面对困难，通过努力和奋斗去实现自己的梦想。

金句：好事尽从难处得，少年无向易中轻。——［唐］李咸用《送谭孝廉赴举》

锦囊：年轻人面对艰难险阻，应无所畏惧、勇往直前。

金句：少年恃险若平地，独倚长剑凌清秋。——［唐］顾况《行路难三首》

锦囊：别忘了年少意气风发时立下的凌云之志。

金句：须知少日拏云志，曾许人间第一流。——［清］吴庆坻《题三十小象》

锦囊：学以致用，知行合一。

金句：玉屑满箧，不为有宝；诗书负笈，不为有道。

——［西汉］桓宽《盐铁论》

锦囊：要时刻心怀国家和人民。

金句：先天下之忧而忧，后天下之乐而乐。——［北宋］范仲淹《岳阳楼记》

锦囊：勤学立志，修身养性要从淡泊宁静中下功夫。

金句：非淡泊无以明志，非宁静无以致远。——［三国蜀］诸葛亮《诫子书》

锦囊：只有明确了目标和志向，才有动力去努力。

金句：志不立，天下无可成之事。——［明］王守仁《教条示龙场诸生》

锦囊：空怀大志是无用的，只有踏实勤奋，才有可能成功。

金句：临渊羡鱼，不如退而结网。——［东汉］班固《汉书》

锦囊：只要努力向前，每一步都会铸就自己的广阔天地。

金句：人生万事须自为，跬步江山即寥廓。——［元］范梈《王氏能远楼》

锦囊：生活如同棋局，不到最后，胜负未可知。

金句：不信请看弈棋者，输赢须待局终头。——［唐］白居易《放言五首》

锦囊：青春不散场，友情要长存。

金句：相逢意气为君饮，系马高楼垂柳边。——［唐］王维《少年行四首》

锦囊：愿做冒险者，不负青春，不甘平凡。

金句：愿为出海月，不作归山云。——［唐］贾岛《卧疾走笔酬韩愈书问》

锦囊：即便面临逆境，也决不媚俗求荣。

金句：我欲穿花寻路，直入白云深处，浩气展虹霓。

——［北宋］黄庭坚《水调歌头 · 游览》

锦囊：做事要持之以恒，莫要半途而废。

金句：靡不有初，鲜克有终。——《诗经 · 大雅 · 荡》

锦囊：行动是解决问题的最好办法。

金句：百尔所思，不如我所之。——《诗经 · 鄘风 · 载驰》

锦囊：日积月累，不负光阴，终会获得成功。

金句：日就月将，学有缉熙于光明。——《诗经 · 周颂 · 敬之》

锦囊：越接近成功，越要坚持不懈、始终如一地追求自己的目标，直至实现它。

金句：行百里者半九十，小狐汔济濡其尾。——［北宋］黄庭坚《赠元发弟放言》

锦囊：对梦想的执着追求，从学会珍惜时间开始。

金句：花有重开日，人无再少年。——［南宋］陈著《续侄溥赏酴醾劝酒二首》

锦囊：勤奋学习，不负韶华。

金句：三更灯火五更鸡，正是男儿读书时。——[唐]颜真卿《劝学》

锦囊：珍惜时间，勤学知识，苦练本领。

金句：黑发不知勤学早，白首方悔读书迟。——[唐]颜真卿《劝学》

锦囊：亲身实践所得的知识才是自己的。

金句：万事须己运，他得非我贤。——[唐]孟郊《劝学》

锦囊：雄才大略、志向高远的人不会久居人下。

金句：蛟龙岂是池中物，虮虱空悲地上臣。

——[金]元好问《壬辰十二月车驾东狩后即事》

锦囊：面对机遇别犹豫，大好时光莫辜负。

金句：良时正可用，行矣莫徒然。——[唐]高适《送韩九》

锦囊：知道和理解是行动与实践的基础。

金句：知之愈明，则行之愈笃；行之愈笃，则知之益明。

——［南宋］黎靖德《朱子语类》

锦囊：知道错了，就应立刻改正。

金句：知其不善，则速改以从善，曲折专以“速改”字上著力。

——［南宋］黎靖德《朱子语类》

锦囊：不要被挫折打倒，人生总有新的希望。

金句：沉舟侧畔千帆过，病树前头万木春。

——［唐］刘禹锡《酬乐天扬州初逢席上见赠》

锦囊：虽然身处逆境，仍应以积极的心态去应对，对未来充满希望。

金句：他日卧龙终得雨，今朝放鹤且冲天。

——［唐］刘禹锡《刑部白侍郎谢病长告，改宾客分司，以诗赠别》

锦囊：磨砺成就卓越。

金句：石以砥焉，化钝为利。法以砥焉，化愚为智。——［唐］刘禹锡《砥石赋》

锦囊：只有经历千辛万苦，才会得到闪闪发光的金子。

金句：千淘万漉虽辛苦，吹尽狂沙始到金。——［唐］刘禹锡《浪淘沙·其八》

锦囊：即使人到晚年，也应保持积极向上的态度。

金句：莫道桑榆晚，为霞尚满天。——［唐］刘禹锡《酬乐天咏老见示》

锦囊：纵然陷入困境，也要有奋发进取的豪情和豁达乐观的精神。

金句：自古逢秋悲寂寥，我言秋日胜春朝。——［唐］刘禹锡《秋词二首》

锦囊：再小的事情，也需要去做才能完成，空谈误国，实干兴邦。

金句：道虽迩，不行不至；事虽小，不为不成。——《荀子》

锦囊：做事要以恒心不断地小步积累，才能最终达成目标。

金句：不积跬步，无以至千里；不积小流，无以成江河。——《荀子》

锦囊：聪明才智加勤学好问才能成才。

金句：知而好问，然后能才。——《荀子》

锦囊：无论是学习还是实践，都要深入其中，不能浅尝辄止。

金句：善学者尽其理，善行者究其难。——《荀子》

锦囊：做事情要坚持不懈、持之以恒。

金句：骐骥一跃，不能十步；驽马十驾，功在不舍。——《荀子》

锦囊：学习必须持之以恒，才能不断取得进步。

金句：一出焉，一入焉，涂巷之人也。——《荀子》

锦囊：有智慧的人不会困惑，有仁德的人不会忧虑，勇敢的人不会害怕。

金句：知者不惑，仁者不忧，勇者不惧。——《论语》

锦囊：人应该树立远大理想，并为理想奋斗终身。

金句：士不可以不弘毅，任重而道远。——《论语》

锦囊：每天做一个小结，看看自己的目标是否达成。

金句：吾日三省吾身：为人谋而不忠乎？与朋友交而不信乎？传不习乎？

——《论语》

锦囊：我们应该具有包容之心。

金句：君子尊贤而容众，嘉善而矜不能。——《论语》

锦囊：说话一定要守信，做事一定要有成果。

金句：言必信，行必果。——《论语》

锦囊：时光一去不复回，努力奋发应趁早。

金句：百川东到海，何时复西归？少壮不努力，老大徒伤悲！

——汉乐府《长歌行》

锦囊：立德、立功和立言可以作为人生奋斗的目标。

金句：太上有立德，其次有立功，其次有立言，虽久不废，此之谓不朽。

——［春秋］左丘明《左传》

锦囊：谁都会犯错，重要的是知错能改。

金句：人谁无过？过而能改，善莫大焉。——［春秋］左丘明《左传》

锦囊：要常有危机意识，提前思考应对之策，才能避免祸患。

金句：居安思危，思则有备，有备无患。——［春秋］左丘明《左传》

锦囊：志存高远，逐梦前行。

金句：夫英雄者，胸怀大志，腹有良谋，有包藏宇宙之机，吞吐天地之志者也。——［明］罗贯中《三国演义》

锦囊：意志坚定，言出必行。

金句：志不强者智不达，言不信者行不果。——《墨子》

锦囊：要能总结经验教训，避免之后再犯类似错误。

金句：前事之不忘，后事之师。——［西汉］刘向《战国策》

锦囊：直面困难，战胜自我，树立信心，超越自我。

金句：志之难也，不在胜人，在自胜也。——《韩非子》

锦囊：人生在于勤奋和勇于探索，如此才会有所收获。

金句：人生在勤，不索何获。——［东汉］张衡《应闲》

锦囊：贤明的人，能够注意细微变化，善于发现事情的苗头。

金句：明者慎微，智者识几。——［东汉］陈忠《清盗源疏》

锦囊：要坚持不懈地去追求自己的梦想。

金句：路漫漫其修远兮，吾将上下而求索。——［战国］屈原《离骚》

锦囊：做人应自立自强，心胸宽广。

金句：天行健；君子以自强不息。地势坤；君子以厚德载物。

——《周易》

锦囊：广泛学习，深入研究，践行所学，知行合一。

金句：博学之，审问之，慎思之，明辨之，笃行之。——《礼记》

锦囊：不论人前人后，都应时刻保持谨慎与戒惧。

金句：戒慎乎其所不睹，恐惧乎其所不闻。——《礼记》

锦囊：勤勉进取，谨慎思考。

金句：业精于勤，荒于嬉；行成于思，毁于随。——［唐］韩愈《进学解》

锦囊：志向坚定且高远，终将有所成就。

金句：志若不移山可改，何愁青史不书功？

——［五代］钱镠《上元夜次序平江南》

锦囊：活到老学到老。

金句：古人学问无遗力，少壮工夫老始成。

——［南宋］陆游《冬夜读书示子聿》

锦囊：逆境中，静待时机，终会崭露头角。

金句：君不见长松卧壑困风霜，时来屹立扶明堂。——［南宋］陆游《读书》

锦囊：实践是获得真知的有效途径。

金句：纸上得来终觉浅，绝知此事要躬行。

——［南宋］陆游《冬夜读书示子聿》

锦囊：失败算什么，大不了从头再来。

金句：丈夫贵不挠，成败何足论。——［南宋］陆游《入瞿唐登白帝庙》

锦囊：没有过不去的坎，事情总会有转机。

金句：山重水复疑无路，柳暗花明又一村。——［南宋］陆游《游山西村》

锦囊：人要能屈能伸，终会走出困境。

金句：海压竹枝低复举，风吹山角晦还明。——［南宋］陈与义《观雨》

锦囊：要趁着年轻，抓紧时间，勤奋学习。

金句：少年辛苦终身事，莫向光阴惰寸功。——［唐］杜荀鹤《题弟侄书堂》

锦囊：学习要有目标，别盲动，注重实践，才能有所收获。

金句：学所以益才也，砺所以致刃也。——［西汉］刘向《说苑》

锦囊：无论做什么事情，只要持之以恒，就有可能成功。

金句：为者常成，行者常至。——《晏子春秋》

锦囊：不甘平凡，才能“触底反弹”。

金句：未忍无声委地，将低重又飞还。——［清］张惠言《木兰花慢·杨花》

锦囊：要取得成功，应有远大志向；要实现功业，应勤奋努力。

金句：功崇惟志，业广惟勤。——《尚书》

锦囊：只有通过持续的努力和不懈的奋斗，才能最终实现梦想。

金句：惟日孜孜，无敢逸豫。——《尚书》

锦囊：只有站得高，才能望得远。

金句：欲穷千里目，更上一层楼。——［唐］王之涣《登鹳雀楼》

锦囊：年富力强时，应努力奋斗。

金句：及时当勉励，岁月不待人。——［东晋］陶渊明《杂诗十二首》

锦囊：保持高洁的品格，坚守道德底线。

金句：宁为兰摧玉折，不作萧敷艾荣。——［南朝宋］刘义庆《世说新语》

锦囊：坚持不懈地努力攀登，终有一天会“俯瞰众山”。

金句：会当凌绝顶，一览众山小。——［唐］杜甫《望岳》

谋事成事

锐始者必图其终，
成功者先计于始。

锦囊：保持理性，不要让情绪影响判断。

金句：主不可以怒而兴师，将不可以愠而致战。

——［春秋］孙武《孙子兵法》

锦囊：智慧胜于武力，策略胜于蛮干。

金句：上兵伐谋，其次伐交，其次伐兵，其下攻城。

——［春秋］孙武《孙子兵法》

锦囊：不通过战斗而使敌人屈服，那才是真的厉害。

金句：不战而屈人之兵，善之善者也。——［春秋］孙武《孙子兵法》

锦囊：要善于欺骗和迷惑敌人，不要暴露自己的实力。

金句：兵者，诡道也。——［春秋］孙武《孙子兵法》

锦囊：做事讲究速战速决，拖得越久，变数越多。

金句：兵闻拙速，未睹巧之久也。——［春秋］孙武《孙子兵法》

锦囊：人在身处绝境时更容易激发出自身潜能。

金句：投之亡地然后存，陷之死地然后生。——［春秋］孙武《孙子兵法》

锦囊：优势互补，强强联合。

金句：日月不同光，昼夜各有宜。——［唐］孟郊《答姚怤见寄》

锦囊：凡事不要只看事情本身，要学会审时度势，顺应时势，才能一击必中，取得成功。

金句：知其事而不度其时则败。——［唐］陆贽《论缘边守备事宜状》

锦囊：做事前应做好规划，精心设计，方可善始善终。

金句：锐始者必图其终，成功者先计于始。——［明］张居正《答中丞孙槐溪》

锦囊：考虑详尽，努力实践。

金句：天下之事，虑之贵详，行之贵力。——［明］张居正《陈六事疏》

锦囊：凡事审时度势、深思熟虑，没有做不成的。

金句：审度时宜，虑定而动，天下无不可为之事。

——［明］张居正《答宣大巡抚吴环洲策黄酋》

锦囊：谋划策略应当周密详细。

金句：凡谋之道，周密为宝。——《六韬》

锦囊：做事切忌犹豫不决，互相猜疑。

金句：用兵之害，犹豫最大；三军之灾，莫过狐疑。——《六韬》

锦囊：懂得互利共赢，才能和谐发展。

金句：同天下之利者，则得天下；擅天下之利者，则失天下。——《六韬》

锦囊：做事要留有余地，避免没有退路 。

金句：太强必折，太张必缺。——《六韬》

锦囊：在采取行动前，一定要善于隐藏自己的意图。

金句：鸷鸟将击，卑飞敛翼；猛兽将搏，弭耳俯伏；圣人将动，必有愚色。

——《六韬》

锦囊：团结合作，朝着同一目标奋斗，才能取得成功。

金句：大鹏之动，非一羽之轻也；骐骥之速，非一足之力也。

——［东汉］王符《潜夫论》

锦囊：对于还没有付诸行动的谋划，应当守口如瓶，以免节外生枝。

金句：谋未发而闻于外，则危。——［西汉］刘向《战国策》

锦囊：要想达到目的，以退为进也是个好方法。

金句：将欲败之，必姑辅之；将欲取之，必姑与之。——［西汉］刘向《战国策》

锦囊：做好准备，当机遇来临时要把握住。

金句：信不弃功，知不遗时。——［西汉］刘向《战国策》

锦囊：凡事精心策划，才能取得成功。

金句：运筹帷幄之中，制胜于无形。——［西汉］司马迁《史记》

锦囊：凡事要抓紧时间，早做打算。

金句：一年之计在于春，一日之计在于寅。——《增广贤文》

锦囊：要及时解决问题，不要拖延，避免造成不必要的损失。

金句：当场不论，过后枉然。——《增广贤文》

锦囊：不要跟风，这有可能给自己招来灾祸。

金句：久利之事莫为，众争之地莫往。——《增广贤文》

锦囊：互帮互助、团结一心，齐心协力更容易成功。

金句：孤举者难起，众行者易趋。——［清］魏源《默觚》

锦囊：大家齐心协力，就没有攻克不了的难关。

金句：积力之所举，则无不胜也；众智之所为，则无不成也。

——［西汉］刘安《淮南子》

锦囊：不打无准备之仗。

金句：凡事豫则立，不豫则废。——《礼记》

锦囊：做事前应做好谋划，准备妥当。

金句：谋无主则困，事无备则废。——《管子》

锦囊：要注重整体布局，做好全面规划。

金句：禽虽一目罗中得，岂可空张一目罗。——［唐］周昙《春秋战国门·再吟》

锦囊：当谋划无懈可击时，推行起来必能取得成功。

金句：谋无不当，举必有功。——［战国］吕不韦等《吕氏春秋》

锦囊：抓住事物的关键环节，就可以带动其他环节。

金句：壹引其纲，万目皆张。——［战国］吕不韦等《吕氏春秋》

锦囊：要干正事、干实事。

金句：虚谈废务，浮文妨要，恐非当今所宜。——［南朝宋］刘义庆《世说新语》

锦囊：做事前须深思熟虑，避免盲目行动。

金句：盲人骑瞎马，夜半临深池。——［南朝宋］刘义庆《世说新语》

锦囊：做事要顺应时势、把握客观规律。

金句：顺理而举易为力，背时而动难为功。——［唐］房玄龄等《晋书》

锦囊：成功的人一定善于抓住时机，并且知道如何变通。

金句：几者不晚，成而不抱，久而化成。——［春秋］王诩《鬼谷子》

锦囊：人的智慧和能力应该用在关键的地方。

金句：智用于众人之所不能知，而能用于众人之所不能见。

——［春秋］王诩《鬼谷子》

锦囊：事物都处在不断的运动中，要善于把握它们的规律。

金句：物有自然，事有合离。——［春秋］王诩《鬼谷子》

锦囊：先了解自己才能了解别人。

金句：故知之始己，自知而后知人也。——［春秋］王诩《鬼谷子》

锦囊：对待任何事物，都应客观、冷静地分析，不要盲目发言、下论断。

金句：故智贵不妄，听贵聪，智贵明，辞贵奇。——［春秋］王诩《鬼谷子》

锦囊：交友时，损友当断则断，避免给自己造成伤害。

金句：故相益则亲，相损则疏，其数行也，此所以察同异之分，其类一也。

——［春秋］王诩《鬼谷子》

锦囊：忽略了细节，往往会产生严重后果。

金句：经起秋毫之末，挥之于太山之本。——［春秋］王诩《鬼谷子》

锦囊：世事多变，学无止境。

金句：世无常贵，事无常师。——［春秋］王诩《鬼谷子》

锦囊：具体问题具体分析，对症下药。

金句：外亲而内疏者说内，内亲而外疏者说外。——［春秋］王诩《鬼谷子》

锦囊：学会体察人心，才能更好地为人处世。

金句：达人心之理，见变化之朕焉，而守司其门户。——［春秋］王诩《鬼谷子》

锦囊：说话前要深思熟虑，开口要说到对方心坎上，才容易让人信服。

金句：阴虑可否，明言得失，以御其志。——［春秋］王诩《鬼谷子》

锦囊：学会该说话时说话，该闭嘴时闭嘴。

金句：开而示之者，同其情也；阖而闭之者，异其诚也。

——［春秋］王诩《鬼谷子》

锦囊：要想将对方带入自己的节奏，得采取些计谋。

金句：摩而恐之，高而动之，微而证之，符而应之，拥而塞之，乱而惑之，是谓计谋。

——［春秋］王诩《鬼谷子》

锦囊：对一切都了然于胸，才能知道什么是对错。

金句：明千里之外，隐微之中，是谓洞天下奸，莫不谙变更。

——［春秋］王诩《鬼谷子》

锦囊：聪明人不会轻易暴露自己的意图，而是在暗中观察，伺机而动。

金句：天地之化，在高与深；圣人之制道，在隐与匿。

——［春秋］王诩《鬼谷子》

锦囊：顺势而为，抓住机遇。

金句：圣人常顺时而动，智者必因机以发。——［西晋］陈寿《三国志》

锦囊：事不宜迟，想好了就立马去做。

金句：兵贵神速，不可少停。——［西晋］陈寿《三国志》

锦囊：重大计划，注意保密。

金句：机事不密，反为所害。——［明］罗贯中《三国演义》

锦囊：凡事尽力而为，能否成功需要看时运。

金句：谋事在人，成事在天！——［明］罗贯中《三国演义》

锦囊：处理事务时，应谨慎行事，周密思考，方法不当反而会害了自己。

金句：倒持干戈，授人以柄。——［明］罗贯中《三国演义》

锦囊：做事要师出有名，这样才能归拢人心，所向披靡。

金句：名正言顺，大事可图。——［明］罗贯中《三国演义》

锦囊：战略上要藐视敌人，战术上要重视敌人。

金句：自古骄兵多致败，从来轻敌少成功。——［明］罗贯中《三国演义》

锦囊：做事应依据自身情况，从实际出发。

金句：量腹而食，度身而衣。——《墨子》

锦囊：处理复杂问题要耐心、细致，不能急于求成。

金句：治乱民犹治乱绳，不可急也；唯缓之，然后可治。——《墨子》

锦囊：凡事应日积月累，循序渐进。

金句：天地之功不可仓卒，艰难之业当累日也。

——［南朝宋］范晔《后汉书》

锦囊：计划既要保持一定的前瞻性，又要注重现实的可行性。

金句：舍近谋远者，劳而无功；舍远谋近者，逸而有终。

——［南朝宋］范晔《后汉书》

锦囊：找对方法，才能事半功倍。

金句：事必有法，然后可成。——［南宋］朱熹《孟子集注》

锦囊：时机要及时把握住，一旦错过便不再有。

金句：来而不可失者，时也；蹈而不可失者，机也。

——［北宋］苏轼《代侯公说项羽辞》

锦囊：能否归拢人心，往往决定着事情的成败。

金句：天时不如地利，地利不如人和。——《孟子》

锦囊：世上没有后悔药可吃，要看准时机，把握机遇。

金句：时来易失，事去难追。——［北宋］邵雍《义利吟》

锦囊：做任何事情都应该顺应时势，不可违背客观规律。

金句：时不至，不可强生也；事不究，不可强成也。——［春秋］左丘明《国语》

锦囊：机会永远留给有准备的人。

金句：故有备则制人，无备则制于人。——［西汉］桓宽《盐铁论》

锦囊：在决策时，应集思广益，这样才能做出正确的决策并取得成功。

金句：谋及下者无失策，举及众者无顿功。——［西汉］桓宽《盐铁论》

锦囊：不要盲目追求潮流，应保留独立思考的能力。

金句：论至德者不和于俗，成大功者不谋于众。——《商君书》

锦囊：内部稳定了才能一致对外、战无不胜。

金句：政善于内，则兵强于外也。——［三国魏］桓范《世要论》

锦囊：考虑问题时一定要重视细小的隐患，才能避免大的灾难。

金句：慎易以避难，敬细以远大。——《韩非子》

锦囊：不能让卖弄小聪明的人做重大决策，不能让只忠于小团体的人掌管法制。

金句：小知不可使谋事，小忠不可使主法。——《韩非子》

锦囊：按照事物的规律去做事情，没有不成功的。

金句：缘道理以从事者，无不能成。——《韩非子》

锦囊：一把钥匙只能开一把锁，没有万能的方法可以解决所有问题。

金句：世异则事异。——《韩非子》

锦囊：不要事到临头再来想对策，一定要提早计划。

金句：事未至而预图，则处之常有馀；事既至而后计，则应之常不足。

——［南宋］辛弃疾《美芹十论》

锦囊：不打无准备之仗。

金句：欲攻敌，必先谋。——［东汉］曹操《孙子注》

锦囊：具体问题具体分析，凡事要留一手，想好退路。

金句：万事不可执一法，而兵为甚。——［南宋］洪迈《容斋随笔》

锦囊：有些东西可以不用，但不可以没有，常备无患。

金句：兵可千日而不用，不可一日而不备。——［唐］李大师、李延寿《南史》

锦囊：找到事物的本源，才能更好地了解事物的本质和发展规律。

金句：水有源，故其流不穷；木有根，故其生不穷。

——［南宋］胡宏《胡子知言》

锦囊：不要急着展现锋芒，应蓄势待发，寻找合适的时机。

金句：君子藏器于身，待时而动。——《周易》

锦囊：要在危险尚未发生之前就消除一切隐患。

金句：为之于未有，治之于未乱。——［春秋］老子《道德经》

锦囊：不能总是抓住一些蝇头小利不放，适当地有所舍弃才能做成大事。

金句：见小利，不能立大功；存私心，不能谋公事。

——［清］王永彬《围炉夜话》

锦囊：凡事都应事先做好准备再采取行动。

金句：谋先事则昌，事先谋则亡。——［西汉］刘向《说苑》

锦囊：集合力量，弱者可与强者抗衡。

金句：麋鹿成群，虎豹避之；飞鸟成列，鹰鹫不击。——［西汉］刘向《说苑》

锦囊：一定要摈弃不良的嗜好和习惯。

金句：夫祸患常积于忽微，而智勇多困于所溺。

——［北宋］欧阳修《新五代史》

锦囊：不能事事求刚，该示弱时要懂得示弱。

金句：欲刚，必以柔守之；欲强，必以弱保之。——［战国］列御寇《列子》

锦囊：做事应从大局出发，做长远的谋划。

金句：不谋万世者，不足谋一时；不谋全局者，不足谋一域。

——［清］陈澹然《寤言》

管理用人

以天下与人易，
为天下得人难。

锦囊：英雄不问出处。

金句：夜光之珠，不必出于孟津之河；盈握之璧，不必采于昆仑之山。

——［南朝宋］刘义庆《世说新语》

锦囊：不要仅凭眼前成就评判人，应更关注其潜力与成长。

金句：时人不识凌云木，直待凌云始道高。——［唐］杜荀鹤《小松》

锦囊：知人善用，让对的人做对的事情。

金句：苟非其人，道不虚行。——《周易》

锦囊：和谐共生，才能互补互助。

金句：和羹之美，在于合异，上下之益，在能相济。——［西晋］陈寿《三国志》

锦囊：言语虚浮夸张、超出实际情况或自身实际能力的人不能委以重任。

金句：言过其实，不可大用。——［西晋］陈寿《三国志》

锦囊：不要自以为是，应保持谦逊与谨慎。

金句：勿以身贵而贱人，勿以独见而违众，勿以辩说为必然。——《六韬》

锦囊：在一个团队中，须赏罚分明，不徇私情。

金句：杀一人而三军震者，杀之；赏一人而万人说者，赏之。——《六韬》

锦囊：一个百战百胜的团队，成员一定是步调一致，服从命令听指挥的。

金句：凡兵之道，莫过乎一，一者能独往独来。——《六韬》

锦囊：对待人才，应给予一定的尊重和丰厚的奖励。

金句：招贤纳士，屈己待人。——［明］罗贯中《三国演义》

锦囊：选择合适的平台很重要。

金句：良禽择木而栖，贤臣择主而事。——［明］罗贯中《三国演义》

锦囊：恩惠与荣耀两种手段要一起施行，团队才能井然有序。

金句：恩荣并济，上下有节。——［明］罗贯中《三国演义》

锦囊：当领导的人应重视各方面的人才，并将这些人才作为自己的助力。

金句：善将者，必有博闻多智者为腹心，沉审谨密者为耳目，勇悍善敌者为爪牙。——［三国蜀］诸葛亮《将苑》

锦囊：纪律严明是团队能常打胜仗的前提。

金句：有制之兵，无能之将，不可以败；无制之兵，有能之将，不可以胜。——［三国蜀］诸葛亮《兵要》

锦囊：要根据职位来选择人才，不要根据人才来设置职位。

金句：为人择官者，乱；为官择人者，治。

——［三国蜀］诸葛亮《便宜十六策》

锦囊：用人不疑，疑人不用，应给予下属充分的信任和支持。

金句：与其位，勿夺其职；任以事，勿间以言。——［南宋］陈亮《论开诚之道》

锦囊：遇到棘手问题时，应当坚守原则、果断决策并且策划要机密。

金句：临事贵守，当机贵断，兆谋贵密。——［清］申涵煜《省心短语》

锦囊：保持内心明澈，不被偏见所扰，不过分纠结细节。

金句：心暗则照有不通，至察则多疑于物。——［唐］吴兢《贞观政要》

锦囊：一个人的才能要和他的职位相匹配。

金句：为政之要，惟在得人；用非其才，必难致治。

——［唐］吴兢《贞观政要》

锦囊：上行下效，所以要任用正直的人。

金句：用得正人，为善者皆劝；误用恶人，不善者竞进。

——［唐］吴兢《贞观政要》

锦囊：应全心全意做好本职工作，不要越权行事。

金句：居其位，安其职，尽其诚而不逾其度。——［清］王夫之《读通鉴论》

锦囊：解决问题时应选择最合适的方案，选择人才时应用最合适的人。

金句：挽弓当挽强，用箭当用长。——［唐］杜甫《前出塞九首》

锦囊：做事要高标准、严要求。

金句：取法于上，仅得为中；取法于中，故为其下。——［唐］李世民《帝范》

锦囊：处理问题时要秉持严谨的态度，遵循正确的方法和原则。

金句：轮匠执其规、矩，以度天下之方圆。——《墨子》

锦囊：优秀人才是国家的财富，国家要想兴旺富强，就要重视贤才。

金句：国有贤良之士众，则国家之治厚；贤良之士寡，则国家之治薄。

——《墨子》

锦囊：从事任何活动时，都必须遵循一定的法则、规范或标准。

金句：天下从事者，不可以无法仪。——《墨子》

锦囊：应以德行和能力来选拔人才。

金句：官无常贵而民无终贱；有能则举之，无能则下之。——《墨子》

锦囊：作为领导，必须以身作则。

金句：其身正，不令而行；其身不正，虽令不从。——《论语》

锦囊：应严于律己，宽以待人。

金句：躬自厚而薄责于人，则远怨矣。——《论语》

锦囊：真心站在别人的立场上为他人着想，才会得到尊敬和爱戴。

金句：不患人之不己知，患不知人也。——《论语》

锦囊：领导讲诚信，手下的人便不会不说实话。

金句：上好信，则民莫敢不用情。——《论语》

锦囊：每个人都要处理好自己职责范围内的事情。

金句：不在其位，不谋其政。——《论语》

锦囊：凡成大事者，必须从基层做起。

金句：宰相必起于州部，猛将必发于卒伍。——《韩非子》

锦囊：举贤不避亲也不避仇。

金句：外举不避仇，内举不避子。——《韩非子》

锦囊：启用合适的人，问题就能轻松解决。

金句：但用东山谢安石，为君谈笑静胡沙。

——［唐］李白《永王东巡歌十一首》

锦囊：后生可畏，不要轻视青年人。

金句：宣父犹能畏后生，丈夫未可轻年少。——［唐］李白《上李邕》

锦囊：人无完人，要接受和包容他人的不足。

金句：人非尧舜，谁能尽善？——［唐］李白《与韩荆州书》

锦囊：用人要公平公正，切勿埋没人才。

金句：骅骝拳跼不能食，蹇驴得志鸣春风。

——［唐］李白《答王十二寒夜独酌有怀》

锦囊：谗言和谎言都具有迷惑性，要谨慎。

金句：谗夫似贤，美言似信，听之者惑，观之者冥。——［西汉］陆贾《新语》

锦囊：凡事要有度，如果超过了这个度，反而会产生反效果。

金句：水至清则无鱼，人至察则无徒。——［西汉］戴德《大戴礼记》

锦囊：不要轻信别人都称赞的人，要自己考察后再下结论。

金句：左右皆曰贤，未可也；诸大夫皆曰贤，未可也；国人皆曰贤，然后察之；见贤焉，然后用之。——《孟子》

锦囊：要学会换位思考，站在对方的角度去为对方考虑。

金句：乐民之乐者，民亦乐其乐；忧民之忧者，民亦忧其忧。——《孟子》

锦囊：找能做事的人容易，但要找合适的人才却很难。

金句：以天下与人易，为天下得人难。——《孟子》

锦囊：在教育别人之前，自己首先要对道理、技能了然于胸。

金句：贤者以其昭昭，使人昭昭；今以其昏昏，使人昭昭。——《孟子》

锦囊：对有大智慧的人不要苛求他们小事上的不足，对耍小聪明的人不要委以重任。

金句：有大略者，不可责以捷巧；有小智者，不可任以大功。

——［西汉］刘安《淮南子》

锦囊：用人要有自己的主见。

金句：凡明君之用人也，未有不悟乎己心，而徒因众誉也。

——［东汉］徐干《中论》

锦囊：做事应抓典型，赏罚分明。

金句：敬一贤则众贤悦，诛一恶则众恶惧。——［三国吴］陆景《典语》

锦囊：不要因为别人的一个缺点就否定这个人。

金句：不以小故妨大美。——《群书治要》

锦囊：赏罚分明才能建立良好的秩序。

金句：赏不劝谓之止善；罚不惩谓之纵恶。——［东汉］荀悦《申鉴》

锦囊：要树立典型来做示范，以维护良好的风气和秩序。

金句：杀一以惩万，赏一而劝众。——［周］姜尚《太公阴谋》

锦囊：没有功劳的人不可做高官。

金句：无功庸者，不敢居高位。——［春秋］左丘明《国语》

锦囊：有德行的人才可以委以重任。

金句：不大其栋，不能任重。重莫若国，栋莫若德。——［春秋］左丘明《国语》

锦囊：信任人才，他才能发挥自己的才能。

金句：用人之术，任之必专，信之必笃，然后能尽其材而可共成事。

——［北宋］欧阳修《为君难论上》

锦囊：无论是个人允诺还是领导决策，都不要轻易改变。

金句：言多变则不信，令频改则难从。——［北宋］欧阳修《准诏言事上书》

锦囊：评判是非应客观公正，不要仅凭个人好恶。

金句：凡议国事，惟论是非，不徇好恶。——［清］张廷玉等《明史》

锦囊：做人做事要遵循一定的标准、规则。

金句：欲知平直，则必准绳；欲知方圆，则必规矩。

——［战国］吕不韦等《吕氏春秋》

锦囊：不能因为过于遵循传统而墨守成规，应当根据形势做出正确的决策。

金句：临敌易将，固兵家之所忌，然事当审其是非，当易而不易，亦非也。

——［南宋］洪迈《容斋随笔》

锦囊：为人处世，不要心胸狭隘。

金句：山锐则不高，水狭则不深，行特者其德不厚，志与天地疑者，其为人不祥。——［西汉］刘向《新序》

锦囊：选人、用人要严格把关。

金句：教之、养之、取之、任之，有一非其道，则足以败天下之人才。

——［北宋］王安石《上仁宗皇帝言事书》

锦囊：一个好的领导能起到至关重要的作用。

金句：善用兵者，生卒亦胜；不善用兵者，练卒亦败。——［清］唐甄《潜书》

锦囊：丰厚的奖赏可以激励士气。

金句：重赏之下，必有勇夫。——［南朝宋］范晔《后汉书》

锦囊：每个人都有自己的长处和短处。

金句：夫尺有所短，寸有所长，物有所不足，智有所不明，数有所不逮，神有所不通。——［战国］屈原《卜居》

锦囊：要让人才发挥自己的优势。

金句：骏马能历险，力田不如牛。坚车能载重，渡河不如舟。——［清］顾嗣协《杂兴》

锦囊：恪守信用、公正严明，才能建立一个和谐、稳定的环境。

金句：用赏贵信，用刑贵正。——［春秋］王诩《鬼谷子》

锦囊：善于用人的人，别人才愿意为他效力。

金句：用人之人，人始为用；恃己自用，人为人送；彼处得贤，此间失重。——［明］施耐庵《水浒传》

锦囊：应通过考核来决定员工职位的升降。

金句：三载考绩，三考，黜陟幽明。——《尚书》

锦囊：在不同的情况和需求下，要灵活选择最适合的人员，以达到最佳的效果。

金句：人惟求旧，器非求旧，惟新。——《尚书》

锦囊：管理者应让每个人都能发挥最大效用，而不是所有事情都亲力亲为。

金句：任能者责成而不劳，任己者事废而无功。——［西汉］桓宽《盐铁论》

锦囊：有才能的人不管身份如何，都有可能一鸣惊人。

金句：英雄各有见，何必问出处。——［明］杨基《感怀》

锦囊：小人得志，贤良之士往往难以立足。

金句：谗邪进则众贤退，群枉盛则正士消。——［东汉］班固《汉书》

锦囊：既要招贤纳士，也要严格审查其资质。

金句：治本在得人，得人在审举，审举在核真。——［北宋］司马光《资治通鉴》

锦囊：要广泛召集人才，严格筛选人才，合理利用人才。

金句：凡用人之道，采之欲博，辨之欲精，使之欲适，任之欲专。

——［北宋］司马光《稽古录》

锦囊：清廉、谨慎、勤勉是做官的重要标准。

金句：当官之法，唯有三事：曰清、曰慎、曰勤。——［南宋］吕本中《官箴》

锦囊：赏罚必须秉持公正、客观和理性的态度。

金句：不尊无功，不官无德，不诛无罪。——［西汉］韩婴《韩诗外传》

锦囊：要善于借助他人的力量，通过合理的分工和协作来实现目标。

金句：任人者佚，任力者劳。——［西汉］韩婴《韩诗外传》

锦囊：未经历练的人，就算有潜力，也无法承担重任。

金句：毛羽未成，不可以高飞。——［西汉］司马迁《史记》

锦囊：真正的人才要禁得住考验。

金句：试玉要烧三日满，辨材须待七年期。——［唐］白居易《放言五首》

锦囊：应积极追求行善，要像对待自己一样任用人才。

金句：见善如弗及，用人如由己。——［唐］姚思廉《陈书》

锦囊：要发挥人才的个性和特长，才能做到人尽其才、才尽其用。

金句：才者，材也，养之贵素，使之贵器。——［明］张居正《论时政疏》

锦囊：做事专心致志，才能取得成功。

金句：事必专任，乃可责成；力无他分，乃能就绪。

——［明］张居正《请专官纂修疏》

锦囊：先管好自己，才能管好别人。

金句：善禁者，先禁其身而后人。——［东汉］荀悦《申鉴》

锦囊：用人时，要善于分辨，不要被虚假的现象所迷惑。

金句：白石似玉，奸佞似贤。——［东晋］葛洪《抱朴子》

锦囊：人才都是要靠培养锻炼才能成长的，要放手让他们经受历练。

金句：人才自古要养成，放使干霄战风雨。——［南宋］陆游《苦笋》

锦囊：没有才能的人占据高位，有才能的人就无法发挥自身优势。

金句：世胄蹑高位，英俊沉下僚。——［西晋］左思《咏史》

锦囊：选拔人才不应苛求完美无缺，使用物品不应超出其限度。

金句：择才不求备，任物不过涯。——［唐］元稹《遣兴十首》

锦囊：权力越大的官员，越要慎重选用。

金句：主刑者，民之司命也，任用可不慎乎？——［北宋］周敦颐《通书》

养生健康
心治则百节皆安，
心扰则百节皆乱。

锦囊：多食清淡的食物，不要追求过于丰盛的美味。

金句：菽麦实所美，孰敢慕甘肥。——［东晋］陶渊明《有会而作》

锦囊：保持良好的心态，才能摆脱世俗的纷扰。

金句：问君何能尔？心远地自偏。——［东晋］陶渊明《饮酒》

锦囊：吃东西要细嚼慢咽，同时享受与自然和谐共生的宁静生活。

金句：美食须熟嚼，生食不粗吞，问我居止处，大宅总林村。

——［唐］孙思邈《道林养性歌》

锦囊：睡觉时不要张口呼吸，容易引发疾病。

金句：暮卧常习闭口，口开即失气，且邪恶从口入，久而成消渴及失血色。

——［唐］孙思邈《千金要方》

锦囊：要顺应自然规律，保持良好的作息习惯和生活规律。

金句：善摄生者，卧起有四时之早晚，兴居有至和之常制。

——［唐］孙思邈《千金要方》

锦囊：饱餐后不要立即卧床休息，那样容易引发疾病。

金句：饱食即卧乃生百病。——［唐］孙思邈《千金要方》

锦囊：应适度处理情感，避免极端情绪损害身心健康。

金句：心有所爱，不用深爱，心有所憎，不用深憎，并皆损性伤神。

——［唐］孙思邈《千金要方》

锦囊：不要吃生肉，应煮烂后再吃。

金句：勿食生肉伤胃，一切肉惟须煮烂。——［唐］孙思邈《千金要方》

锦囊：冬天不过度追求温暖，夏天不过度贪凉，有助于保持身体健康。

金句：冬不欲极温，夏不欲穷凉。——［唐］孙思邈《千金要方》

锦囊：吃过东西后及时漱口能减少口腔细菌的滋生，防治牙齿疾病。

金句：食毕当漱口数过，令人牙齿不败，口香。——［唐］孙思邈《千金要方》

锦囊：要注意情绪管理，保持平和的心态和健康的生活方式。

金句：怒甚偏伤气，思多太损神。——［唐］孙思邈《养生铭》

锦囊：饭后散步有益健康。

金句：食止行数百步，大益人。——［唐］孙思邈《摄养枕中方》

锦囊：夏季少食鱼、肉等荤腥，要多吃蔬菜水果。

金句：鲜肥属时禁，蔬果幸见尝。——［唐］韦应物《郡斋雨中与诸文士燕集》

锦囊：在屋内待久了，去郊外走走，会让人神清气爽。

金句：吏舍局终年，出郊旷清曙。——［唐］韦应物《东郊》

锦囊：晚年应坚持清淡饮食。

金句：径须父子早归田，粗茶淡饭终残年。

——［南宋］杨万里《得小儿寿俊家书》

锦囊：过度追求美味和享受对身体有害，应有所节制。

金句：夫香美脆味，厚酒肥肉，甘口而疾形。——《韩非子》

锦囊：凡事要适可而止，恰到好处，过度则对人有害。

金句：酒极则乱，乐极则悲。——［西汉］司马迁《史记》

锦囊：在有限的条件下，应尽可能地提高饮食的质量和品味。

金句：食不厌精，脍不厌细。——《论语》

锦囊：按时进餐，可以减少疾病发生。

金句：食能以时，身必无灾。——［战国］吕不韦等《吕氏春秋》

锦囊：经常运动，能够保持旺盛的活力。

金句：流水不腐，户枢不蠹，动也。——［战国］吕不韦等《吕氏春秋》

锦囊：运动可以提高人的精、气、神，有益身体健康。

金句：形不动则精不流，精不流则气郁。——［战国］吕不韦等《吕氏春秋》

锦囊：粮食是人们赖以生存的根本，肉类、水果、蔬菜作为补充，营养搭配要均衡。

金句：五谷为养，五肉为益，五果为助，五菜为充。——《黄帝内经》

锦囊：合理安排作息，适当运动，保持身体的健康。

金句：五劳所伤：久视伤血，久卧伤气，久坐伤肉，久立伤骨，久行伤筋。

——《黄帝内经》

锦囊：春季的三个月，应该入夜即睡，早些起床，多在园中散步。

金句：春三月，此谓发陈。天地俱生，万物以荣，夜卧早起，广步于庭。

——《黄帝内经》

锦囊：健康的生活方式可以预防疾病、延长寿命。

金句：饮食有节，起居有常，不妄作劳，故能形与神俱，故尽终其天年，度百岁。——《黄帝内经》

锦囊：吃得过饱不宜立即睡觉，否则会引发很多疾病。

金句：食饱不可睡，睡则诸疾生。——《黄帝内经》

锦囊：饮食一定要全面，不能偏食。

金句：谷肉果菜，食养尽之。——《黄帝内经》

锦囊：饮食过量会损伤肠胃健康。

金句：饮食自倍，肠胃乃伤。——《黄帝内经》

锦囊：要注重气血的养护。

金句：血气者，人之神，不可不谨养。——《黄帝内经》

锦囊：五味调和适宜有利于延年益寿。

金句：谨和五味，骨正筋柔，气血以流，腠理以密，如是则骨气以精，谨道如法，长有天命。——《黄帝内经》

锦囊：顺应自然规律，合理安排生活，是长寿的秘诀。

金句：法于阴阳，和于术数，饮食有节，起居有常，不妄做劳，故能而寿。

——《黄帝内经》

锦囊：心理健康与身体健康同样重要。

金句：精神不运则愚，血脉不运则病。——［清］魏裔介《琼琚佩语》

锦囊：初夏时，入夜即睡，早些起床，这有助于身体健康，情绪莫要大起大落。

金句：孟夏之月，天地始交，万物并秀，宜夜卧早起，以受清明之气。勿大怒大泄。——［明］高濂《遵生八笺》

锦囊：根据自然规律的变化调养身体，对健康和长寿有益。

金句：四时顺摄，晨昏护持，可以延年。——［明］龚廷贤《寿世保元》

锦囊：顺应自然，保持内心平静，对健康和长寿有益。

金句：物来顺应，事过心宁，可以延年。——［明］龚廷贤《寿世保元》

锦囊：身体非常重要，养形是养生的首要任务。

金句：吾之所赖者惟形耳，无形则无吾矣。——［明］张景岳《景岳全书》

锦囊：饮酒要适量，过量饮酒伤身体。

金句：少饮尤佳，多饮伤神损寿，易人本性，其毒甚也。

——［元］忽思慧《饮膳正要》

锦囊：食用变质的食物对人体有害。

金句：秽饭馁肉臭鱼，食之皆伤人。——［东汉］张仲景《金匮要略》

锦囊：宁静、闲暇时，更利于认识自我、领悟人生。

金句：静中念虑澄澈，见心之真体；闲中气象从容，识心之真机。

——［明］洪应明《菜根谭》

锦囊：坐着打个盹相较于直接躺下睡觉，更能让人感觉清醒、舒畅。

金句：坐而假寐，醒时弥觉神清气爽，较之就枕而卧，更为受益。

——［清］曹廷栋《老老恒言》

锦囊：适量减少饮食，有助于保持身体健康。

金句：所食愈少，心愈开，年愈益。——［西晋］张华《博物志》

锦囊：屈膝侧卧的睡姿有利于身心放松。

金句：凡人睡，欲得屈膝侧卧，益人气力。

——［南朝梁］陶弘景《养性延命录》

锦囊：适度运动和节制饮食可以保持身体的健康和活力。

金句：体欲常劳，食欲常少。——［南朝梁］陶弘景《养性延命录》

锦囊：通过保持动与静的平衡，可以更好地维护身心健康，延长寿命。

金句：能动能静，所以长生。——［南朝梁］陶弘景《养性延命录》

锦囊：适当劳作比过度安逸更利于养生。

金句：劳苦胜于逸乐。——［南朝梁］陶弘景《养性延命录》

锦囊：要时刻保持警觉和自省，关注身心健康，预防潜在的危险。

金句：人之所取畏者，衽席之上，饮食之间，而不知为之戒者，过也！

——［战国］庄周《庄子》

锦囊：作息应规律，心中不要记挂太多事情。

金句：日出而作，日入而息，逍遥于天地之间，而心意自得。

——［战国］庄周《庄子》

锦囊：饮食要有度，在极度饥渴时不要暴饮暴食。

金句：大渴不大饮，大饥不大饱。——［宋］刘词《混俗颐生录》

锦囊：过度饥饿会导致身体机能下降，影响健康。

金句：不欲甚饥，饥则败气。——《彭祖摄生养性论》

锦囊：晚上睡觉时，不要将被子蒙在头上，要保持气流通畅。

金句：下叟前致辞，夜卧不覆首。——［三国魏］应璩《百一诗》

锦囊： 安心调养是治疗疾病的最好方法。

金句：因病得闲殊不恶，安心是药更无方。

——［北宋］苏轼《病中游祖塔院》

锦囊：减少欲望，保持内心的平静，享受轻松简单的生活。

金句：少欲则心静，心静则事简。——［明］薛瑄《读书录》

锦囊：顺应自然规律，合理安排作息。

金句：春夏宜早起，秋冬任晏眠。晏忌日出后，早忌鸡鸣前。

——［明］胡文焕《类修要诀》

锦囊：避免空腹饮茶，晚饭要少吃。

金句：莫吃空心茶，少餐中夜饭。——［明］胡文焕《类修要诀》

锦囊：内心安宁则凡事都会安宁。

金句：心治则百节皆安，心扰则百节皆乱。——［西汉］刘安《淮南子》

锦囊：久睡容易使人精神疲倦，长时间读书要注意休息。

金句：戒久睡，久睡倦神；戒久读，久读苦神。

——［清］金缨《格言联璧》

锦囊：人生短暂，应及时行乐，不要庸人自扰。

金句：生年不满百，常怀千岁忧。——《古诗十九首》

锦囊：知足者常乐。

金句：物苦不知足，得陇又望蜀。——［唐］李白《古风》

锦囊：忧伤催人老。

金句：沉忧能伤人，绿鬓成霜蓬。——［唐］李白《怨歌行》

锦囊：顺应自然，以平和的心态去欣赏和体验生命中的美好。

金句：梅先菊后何须校，好似人生各有时。——［北宋］赵抃《次韵郁李花》

锦囊：要珍惜自然的美好，享受生活的乐趣。

金句：纳爽耳目变，玩奇筋骨轻。——［唐］刘禹锡《秋江早发》

锦囊：适量的活动和锻炼可以保持活力，有助身体健康。

金句：故故小劳君会否？户枢流水即吾师。——［南宋］陆游《书意》

锦囊：喝粥是一种养生之道。

金句：我得宛丘平易法，只将食粥致神仙。——［南宋］陆游《食粥》

锦囊：适量运动有益健康。

金句：人体欲得劳动，但不当使极尔。——［西晋］陈寿《三国志》

锦囊：保持内心平静，就是最好的状态。

金句：勿烦勿乱，和乃自成。——《管子》

锦囊：饭后饮茶、散步、按摩脐部，有益身体健康。

金句：食毕，饮清茶一杯，起行百步，以手摩脐。

——［明］郑瑄《昨非庵日纂》

锦囊：平心静气有益身心健康。

金句：心乱则百病生，心静则万病息。——［元］罗天益《卫生宝鉴》

锦囊：身心保养得好有助于延年益寿。

金句：盈缩之期，不但在天；养怡之福，可得永年。——［东汉］曹操《龟虽寿》

锦囊：冬天晒太阳使人身心舒畅。

金句：负暄闭目坐，和气生肌肤。——［唐］白居易《负冬日》

锦囊：应素食淡味，饮食有度，保持平和的心态，享受生活。

金句：先进酒一杯，次举粥一瓯。半酣半饱时，四体春悠悠。

——［唐］白居易《新沐浴》

锦囊：我们应该避免长时间忍尿忍便以及过度用力排尿排便。

金句：忍尿不便成五淋，膝冷成痹；忍大便成五痔。努小便，足膝冷，呼气；努大便，腰疼目涩。——［明］徐春甫《古今医统大全》

锦囊：梳头可以调理身体，促进气血流通，从而达到健康长寿的目的。

金句：冬至夜子时，梳头一千二百，以赞阳出滞，使五脏之气终岁流通，谓之神仙洗头法。——［明］焦竑《焦氏类林》

锦囊：饮食可以调养精气神，为生命活动提供源源不断的动力。

金句：主身者神，养气者精，益精者气，资气者食。

——［宋］陈直、［元］邹铉《寿亲养老新书》

锦囊：在自然中感受心灵的净化。

金句：山光悦鸟性，潭影空人心。——［唐］常建《题破山寺后禅院》

锦囊：要选择良好的环境，打造适宜修身养性的氛围。

金句：居移气，养移体。——《孟子》

锦囊：当季节变化时，在穿衣的选择上，保暖舒适即可，要避免过于极端。

金句：衣服厚薄，欲得随时合度，是以暑月不可全薄，寒时不可极厚。

——［宋］蒲虔贯《保生要录》

锦囊：通过合理穿衣，可以维护身体的阴阳平衡，预防疾病。

金句：腰腹下至足胫欲得常温，胸上至头欲得稍凉。

——［宋］蒲虔贯《保生要录》

锦囊：适量的运动可以保持身体健康。

金句：每日频行，必身轻目明，筋节血脉调畅，饮食易消，无所拥滞。

——［宋］蒲虔贯《保生要录》

锦囊：睡觉时应该采取侧卧屈膝的姿势。

金句：卧欲侧而曲膝，益气力。——[宋]蒲虔贯《保生要录》

锦囊：晚上临睡前，用手按摩四肢、胸、腹等部位，有益身体健康。

金句：夫人夜卧，欲自以手摩四肢胸腹十数遍，名曰干沐浴。

——[宋]蒲虔贯《保生要录》

锦囊：保持积极向上的心态有助于长寿。

金句：乐易者常寿长，忧险者常夭折。——《荀子》

锦囊：根据不同季节的气候特点调整饮食的口味，可以预防疾病。

金句：凡和，春多酸，夏多苦，秋多辛，冬多咸，调以滑甘。——《礼记》

锦囊：保持从容不迫的生活态度，享受生活的美好和乐趣。

金句：事从容则有余味，人从容则有余年。——[明]吕坤《呻吟语》

锦囊：适度运动和适当饮食对于保持身体健康非常重要。

金句：体欲常劳，食欲常少，劳无过极，少无过虚。

——[东晋]葛洪《抱朴子》

锦囊：可以少食多餐，但不要一顿吃太多。

金句：食欲少而数，不欲顿多难消，常如饱中饥，饥中饱。

——[东晋]葛洪《抱朴子》

锦囊：夜晚睡觉容易受到风寒侵袭，要注意保暖。

金句：不露卧星下，不眠中见肩。——[东晋]葛洪《抱朴子》

醒世开悟

人情莫道春光好，
只怕秋来有冷时。

锦囊：人情世故是一门学问。

金句：世事洞明皆学问，人情练达即文章。——［清］曹雪芹《红楼梦》

锦囊：当一个人失势处于低谷时，身边的人往往变得冷漠无情。

金句：势败休云贵，家亡莫论亲。——［清］曹雪芹《红楼梦》

锦囊：说话要看对象，注意回避别人的忌讳，以免刺痛人。

金句：当着矮人，别说短话。——［清］曹雪芹《红楼梦》

锦囊：亲密到了一定程度就容易斤斤计较，对对方要求严格。

金句：既熟惯，则更觉亲密；既亲密，则不免一时有求全之毁，不虞之隙。

——［清］曹雪芹《红楼梦》

锦囊：要时刻保持警惕，防止受到潜在的威胁和伤害。

金句：明枪易躲，暗箭难防。——［元］无名氏《独角牛》

锦囊：要组建高效的团队，必须注重树立成员间的共同目标。

金句：同德则同心，同心则同志。——［春秋］左丘明《国语》

锦囊：减少欲望，知足常乐。

金句：欲多则心散，心散则志衰，志衰则思不达。——［春秋］王诩《鬼谷子》

锦囊：没有永远的敌人，只有永远的利益。

金句：若有利于善者，隐托于恶，则不受矣，致疏远。——［春秋］王诩《鬼谷子》

锦囊：顺应对方的喜好来了解他的真实意图。

金句：顺其嗜欲以见其志意大体。——［春秋］王诩《鬼谷子》

锦囊：与人交往时，可以通过表面言辞引导对方透露真实想法。

金句：用于人，则空往而实来。——［春秋］王诩《鬼谷子》

锦囊：投其所好可以迅速拉近与他人的距离。

金句：人之有好也，学而顺之。——［春秋］王诩《鬼谷子》

锦囊：每个人都有长处和短处，要学会扬长避短。

金句：智者不用其所短，而用愚人之所长；不用其所拙，而用愚人之所工。——［春秋］王诩《鬼谷子》

锦囊：与人交往时，让对方先表现，了解了他人的想法后，再去做回应。

金句：人言者，动也；己默者，静也。因其言，听其辞。——［春秋］王诩《鬼谷子》

锦囊：无论遇到什么事情，都要喜怒不形于色。

金句：貌者，不美又不恶，故至情托焉。——［春秋］王诩《鬼谷子》

锦囊：不要以貌取人。

金句：人不可貌相，海水不可斗量。——［明］冯梦龙《醒世恒言》

锦囊：应乐于听取别人的劝告。

金句：不听好人言，必有恓惶泪。——［明］冯梦龙《醒世恒言》

锦囊：接受了委托，就要尽力而为。

金句：受人之托，忠人之事。——［明］冯梦龙《警世通言》

锦囊：在人际交往中要注重真诚、信任和感恩，以便建立更加牢靠的关系。

金句：恩德相结者，谓之知己；腹心相照者，谓之知心。

——［明］冯梦龙《警世通言》

锦囊：知心话只说给知音听，不要什么人都说。

金句：知音说与知音听，不是知音不与谈。——［明］冯梦龙《警世通言》

锦囊：朋友易交，知音难求。

金句：春风满面皆朋友，欲觅知音难上难。——［明］冯梦龙《警世通言》

锦囊：礼数周全，别人总不会怪罪。

金句：礼多人不怪。——［清］李伯元《官场现形记》

锦囊：人会受到周围人的影响。

金句：近朱者赤，近墨者黑。——［西晋］傅玄《太子少傅箴》

锦囊：彼此保持适当距离，才能留有好的印象，维护好双方感情。

金句：但看三五日，相见不如初。——《增广贤文》

锦囊：不要过于轻信他人，轻易透露自己的真实想法。

金句：逢人且说三分话，未可全抛一片心。——《增广贤文》

锦囊：想要真正了解一个人的内心很难，不要轻信于人。

金句：画虎画皮难画骨，知人知面不知心。——《增广贤文》

锦囊：人情不可靠，世事变数多。

金句：人情似纸张张薄，世事如棋局局新。——《增广贤文》

锦囊：人微言轻，不要轻易去劝诫他人。

金句：力微休负重，言轻莫劝人。——《增广贤文》

锦囊：金钱容易让人失去理性判断。

金句：有钱道真语，无钱语不真。——《增广贤文》

锦囊：人情并不总是可靠的。

金句：人情莫道春光好，只怕秋来有冷时。——《增广贤文》

锦囊：多说善意的话，少用言语伤害别人。

金句：良言一句三冬暖，恶语伤人六月寒——《增广贤文》

锦囊：受制于人就要暂且忍耐。

金句：在人矮檐下，怎敢不低头。——［明］施耐庵《水浒传》

锦囊：祸易从口出，说话要谨慎。

金句：一言足以召大祸，故古人守口如瓶，惟恐其覆坠也。

——［清］王永彬《围炉夜话》

锦囊：要保持和善，以平和的心态应对事物。

金句：和气迎人，平情应物。抗心希古，藏器待时。

——［清］王永彬《围炉夜话》

锦囊：做人别太较真儿，要有包容之心。

金句：持身不可太皎洁，一切污辱垢秽要茹纳得；与人不可太分明，一切善恶贤愚要包容得。——［清］王永彬《围炉夜话》

锦囊：做人要低调、谦和。

金句：善胜敌者，不与；善用人者，为之下。——［春秋］老子《道德经》

锦囊：学会以退为进，方为不争之争。

金句：夫唯不争，故天下莫能与之争。——［春秋］老子《道德经》

锦囊：少管闲事，不要到处说三道四。

金句：彼说长，此说短。不关己，莫闲管。——［清］李毓秀《弟子规》

锦囊：世人往往不辨真相，只会随声附和。

金句：一犬吠形，百犬吠声。——［东汉］王符《潜夫论》

锦囊：人的烦恼和痛苦往往源于不知足。

金句：人苦不知足，既平陇，复望蜀。——［北宋］司马光《资治通鉴》

锦囊：不要随意对人评头论足，指指点点。

金句：人之患在好为人师。——《孟子》

锦囊：一个人的眼神能透露出内心的善恶。

金句：听其言也，观其眸子，人焉廋哉？——《孟子》

锦囊：关爱和尊敬是相互的。

金句：爱人者，人恒爱之；敬人者，人恒敬之。——《孟子》

锦囊：面对各种人际关系，要善于变通，宽容待人。

金句：遇方便时行方便，得饶人处且饶人。——［明］吴承恩《西游记》

锦囊：各人由于立场、阅历等不同，对同一事情的看法和结论也不相同。

金句：仁者见之谓之仁，知者见之谓之知。——《周易》

锦囊：才能或品行出众的人，容易遭到嫉妒、指责。

金句：木秀于林，风必摧之；堆出于岸，流必湍之；行高于人，众必非之。

——［三国魏］李康《运命论》

锦囊：人情无常。

金句：人情却似飞絮，悠扬便逐春风去。——［北宋］晏几道《梁州令》

锦囊：只有在外部环境发生变化时，事物和人的本质才会显现出来。

金句：风霜以别草木之性，危乱而见贞良之节。

——［南朝宋］范晔《后汉书》

锦囊：依靠钱财结交的朋友不可靠。

金句：以财事人者，财尽而交疏。——［西汉］刘向《说苑》

锦囊：人情世故，讲究的是礼尚往来。

金句：礼尚往来。往而不来，非礼也；来而不往，亦非礼也。——《礼记》

锦囊：要以开放的心态和包容的态度，去结识不同的人。

金句：人生交契无老少，论交何必先同调。——［唐］杜甫《徒步归行》

锦囊：做人要知恩图报。

金句：欲报之德，昊天罔极。——《诗经·小雅·蓼莪》

锦囊：互送礼物是情感交流的一种方式，不必在意礼物是否贵重。

金句：投我以木瓜，报之以琼琚。匪报也，永以为好也！

——《诗经·卫风·木瓜》

锦囊：兄弟间虽有分歧，但要在关键时刻团结一致。

金句：兄弟阋于墙，外御其侮。——《诗经·小雅·常棣》

锦囊：做人要懂得谦让和分享。

金句：路径窄处，留一步与人行；滋味浓的，减三分让人嗜。

——［明］洪应明《菜根谭》

锦囊：要学会把握时机、懂得进退得宜的交际原则。

金句：行不去，须知退一步之法；行得去，务加让三分之功。

——［明］洪应明《菜根谭》

锦囊：人际关系不可强求，要耐心等对方了解自己，认识自己。

金句：人未己知，不可急求其知；人未己合，不可急与之合。

——［清］金缨《格言联璧》

锦囊：患难见真情。

金句：相知在急难，独好亦何益。——［唐］李白《君马黄》

锦囊：人心复杂，世态炎凉，不要轻信他人。

金句：白首相知犹按剑，朱门先达笑弹冠。——［唐］王维《酌酒与裴迪》

锦囊：每逢节日，都更加思念亲人

金句：独在异乡为异客，每逢佳节倍思亲。

——［唐］王维《九月九日忆山东兄弟》

锦囊：既然有相同的血源，就更应该互相宽容和理解。

金句：本自同根生，相煎何太急？——［三国魏］曹植《七步诗》

锦囊：要做有情有义的朋友。

金句：久要不可忘，薄终义所尤。——［三国魏］曹植《箜篌引》

锦囊：物以类聚，人以群分，要亲近君子而远离小人。

金句：君子与君子以同道为朋，小人与小人以同利为朋。

——［北宋］欧阳修《朋党论》

锦囊：与人交往，要慢慢了解后再决定是否深交。

金句：先淡后浓，先疏后亲，先达后近，交友道也。

——［明］陈继儒《小窗幽记》

锦囊：随着年纪增长，身边的朋友会越来越少，因为大部分人都在追名逐利。

金句：朋交日凋谢，存者逐利移。——［唐］韩愈《寄崔二十六立之》

锦囊：患难见真情。

金句：吾荣时招之始来，吾患时不招自来，真友哉。

——［明］王肯堂《交友》

锦囊：兄弟之间应和睦相处，朋友之间要讲究诚信。

金句：兄弟敦和睦，朋友笃信诚。——［唐］陈子昂《座右铭》

锦囊：妯娌之间要互相包容，保持适当的距离。

金句：娣姒者，多争之地也。——［南北朝］颜之推《颜氏家训》

锦囊：同遭不幸的人最能相互理解。

金句：同是天涯沦落人，相逢何必曾相识。——［唐］白居易《琵琶行》

锦囊：两个人两情相悦，才能长长久久。

金句：在天愿做比翼鸟，在地愿为连理枝。——［唐］白居易《长恨歌》

锦囊：对待别人要态度和蔼。

金句：善气迎人，亲如弟兄；恶气迎人，害于戈兵。——《管子》

锦囊：不要怠慢老朋友。

金句：善与人交，久而敬之。——《论语》

锦囊：情不投、意不合的人，很难成为朋友。

金句：道不同，不相为谋。——《论语》

锦囊：损害他人就是损害自己，爱护他人就是爱护自己。

金句：损人即自损也，爱人即自爱也。——［清］黄宗羲《宋元学案》

锦囊：如果爱情足够坚定，不必在乎是否朝夕相处。

金句：两情若是久长时，又岂在朝朝暮暮。——［北宋］秦观《鹊桥仙》

锦囊：建立在利益之上的友情不可靠。

金句：以势交者，势倾则绝；以利交者，利穷则散。——［隋］王通《中说》

锦囊：怀念过去的美好时光，思念分别的友人。

金句：桃李春风一杯酒，江湖夜雨十年灯。——［北宋］黄庭坚《寄黄几复》

锦囊：人生就像一个旅舍，我们不过是匆匆过客。

金句：人生如逆旅，我亦是行人。——［北宋］苏轼《临江仙·送钱穆父》

锦囊：人生苦短，知音难求。

金句：不如意事常八九，可与语人无二三。——［南宋］方岳《别子才司令》

锦囊：失意的读书人，在现实中不受人待见，因无力实现志向而内心苦闷。

金句：十有九人堪白眼，百无一用是书生。——[清]黄景仁《杂感》

锦囊：做人要有灵活性，善于应对各种场合。

金句：占排场风月功名首，更玲珑又剔透。

——[元]关汉卿《一枝花·不伏老》

锦囊：不要违背众人的意愿，一意孤行只会导致失败。

金句：众怒难犯，专欲难成。——[春秋]左丘明《左传》

锦囊：两个事物相依相存，一方受损，另一方必然跟着遭殃。

金句：辅车相依，唇亡齿寒。——[春秋]左丘明《左传》

锦囊：人们追求利益是一种普遍现象。

金句：天下熙熙，皆为利来；天下攘攘，皆为利往。——[西汉]司马迁《史记》

锦囊：同情心的施予需要恰当的时机。

金句：同情要在人弱时施给，才能容易使人认识那份同情。

——[现代]梁实秋《病》

锦囊：人们通过言语来传达情感诉求，以期得到他人的理解和支持。

金句：说自己冷的人不可能真冷，因为真冷无感于冷。

——[当代]余秋雨《行者无疆》

锦囊：在关心他人时，要注意方式、方法，以求真正能帮助到他们。

金句：并不是受不了冷，是受不了人们的关切的询问：“不冷么？”

——[现代]张爱玲《鸿鸾禧》

远离内耗

六根清净方成稻，
后退原来是向前。

锦囊：于春雨微风中赏景，感受大自然的生机勃勃。

金句：沾衣欲湿杏花雨，吹面不寒杨柳风。——［南宋］志南《绝句》

锦囊：显赫功名背后，是无数人的牺牲。

金句：凭君莫话封侯事，一将功成万骨枯。——［唐］曹松《己亥岁感事》

锦囊：在纷扰的世事中，应珍视偶然获得的片刻宁静。

金句：因过竹院逢僧话，偷得浮生半日闲。——［唐］李涉《题鹤林寺僧舍》

锦囊：学会享受宁静和谐的田园生活。

金句：荷蓑出林春雨细，芦管卧吹莎草绿。——［唐］李涉《牧童词》

锦囊：把握当下，才能快乐。

金句：人生得意须尽欢，莫使金樽空对月。——［唐］李白《将进酒》

锦囊：珍惜眼前的美好时光，尽情享受生活的乐趣。

金句：古来圣贤皆寂寞，惟有饮者留其名。——［唐］李白《将进酒》

锦囊：享受当下，不为虚名所累。

金句：且乐生前一杯酒，何须身后千载名？——［唐］李白《行路难》

锦囊：应有正视死亡、超然物外、洒脱不羁的人生态度。

金句：生者为过客，死者为归人。天地一逆旅，同悲万古尘。

——［唐］李白《拟古十二首》

锦囊：与其等待别人理解自己，不如保持内心的轻松坦然。

金句：问余何意栖碧山，笑而不答心自闲。——［唐］李白《山中问答》

锦囊：世事无定，珍惜当下。

金句：世间行乐亦如此，古来万事东流水。——[唐]李白《梦游天姥吟留别》

锦囊：人最好的状态是回归自然，陶醉在自然之景中。

金句：暮从碧山下，山月随人归。——[唐]李白《下终南山过斛斯山人宿置酒》

锦囊：活在当下，乐享此刻。

金句：今朝有酒今朝醉，明日愁来明日愁。——[唐]罗隐《自遣》

锦囊：不以物喜，不以己悲，顺应自然。

金句：心似白云常自在，意如流水任东西。——[明]许仲琳《封神演义》

锦囊：要珍惜美好且短暂的光阴。

金句：春宵一刻值千金，花有清香月有阴。——[北宋]苏轼《春宵》

锦囊：人生漂泊不定、匆匆无常，总该留下些什么。

金句：人生到处知何似，应似飞鸿踏雪泥。——[北宋]苏轼《和子由渑池怀旧》

锦囊：活在当下，享受生活。

金句：休对故人思故国，且将新火试新茶。诗酒趁年华。

——[北宋]苏轼《望江南·超然台作》

锦囊：学会面对现实，避免过度纠结和内耗。

金句：有道难行不如醉，有口难言不如睡。——[北宋]苏轼《醉睡者》

锦囊：学会放下执念和妄念，减少内心的纷扰和内耗。

金句：到得还来别无事，庐山烟雨浙江潮。——[北宋]苏轼《观潮》

锦囊：与其浪费生命去追求名利浮云，不如放下一切做个闲人。

金句：几时归去，作个闲人。对一张琴，一壶酒，一溪云。

——［北宋］苏轼《行香子·述怀》

锦囊：岁月匆匆，即使忙碌，也要保持内心的平和。

金句：我问沧海何时老，清风问我几时闲。——［元］高克恭《怡然观海》

锦囊：对人生、梦境与自我，都要有深刻思考。

金句：大梦谁先觉？平生我自知。——［明］罗贯中《三国演义》

锦囊：内心的平静和安宁比外在的任何享乐都更加重要。

金句：与其有乐于身，孰若无忧于其心。——［唐］韩愈《送李愿归盘谷序》

锦囊：要有超然物外、淡泊名利的生活态度。

金句：你富贵，你荣华，我自关门睡。——［宋］赵长卿《蓦山溪·遣怀》

锦囊：学会用一种超脱世俗、顺应天意的哲学态度来对待人生。

金句：明日人间事，天自有安排。——［宋］傅大询《水调歌头》

锦囊：超脱世俗，享受当下。

金句：他出一对鸡，我出一个鹅，闲快活。——［元］关汉卿《四块玉·闲适》

锦囊：用一种闲适、随性的心境对待生活。

金句：不拟人间更求事，些些疏懒亦何妨。——［唐］白居易《南龙兴寺残雪》

锦囊：随遇而安，笑口常开。

金句：随富随贫且欢乐，不开口笑是痴人。——［唐］白居易《对酒五首》

锦囊：生活自由、内心无愧，才能安享岁月。

金句：老身今自由。心无疚。随意度春秋。

——［明］李昌祺《金字经·喜舍弟昌明至》

锦囊：对宇宙、自然、人生，要有自己独特的感悟。

金句：吾不识青天高，黄地厚。唯见月寒日暖，来煎人寿。

——［唐］李贺《苦昼短》

锦囊：应以悠然自得、闲适自在的态度面对生活。

金句：徐行不记山深浅，一路莺啼送到家。——［明］杨基《天平山中》

锦囊：人生应乐观、豁达。

金句：今日听君歌一曲，暂凭杯酒长精神。

——［唐］刘禹锡《酬乐天扬州初逢席上见赠》

锦囊：要以超脱世俗、淡泊名利的人生态度，追求内心的宁静。

金句：别人笑我忒风颠，我笑他人看不穿。不见五陵豪杰墓，无花无酒锄作田。——[明]唐寅《桃花庵歌》

锦囊：面对是非，应保持钝感与宽容，以减少内耗。

金句：是非入耳君须忍，半作痴呆半作聋。——[明]唐寅《警世》

锦囊：要乐观接受命运的安排。

金句：乐天知命，故不忧；安土敦乎仁，故能爱。——《周易》

锦囊：心无杂念，便是好时光。

金句：若无闲事挂心头，便是人间好时节。——[南宋]慧开《颂平常心是道》

锦囊：容易满足就常常感到快乐，能够包容就自然感到安定。

金句：知足常乐，能忍自安。——[清]金缨《格言联璧》

锦囊：做对的事，不要去担心未来。

金句：但知行好事，莫要问前程。——[五代]冯道《天道》

锦囊：过去的事，不必再提。

金句：成事不说，遂事不谏，既往不咎。——《论语》

锦囊：不主观，不固执，不自以为是。

金句：毋意、毋必、毋固、毋我。——《论语》

锦囊：清净心境，退一步海阔天空。

金句：六根清净方成稻，后退原来是向前。——［五代］契此《插秧歌》

锦囊：凡事顺其自然，不悲不喜。

金句：纵浪大化中，不喜亦不惧。——［东晋］陶渊明《形影神三首》

锦囊：珍惜当下，享受生活。

金句：人生难得秋前雨，乞我虚堂自在眠。——［南宋］姜夔《平甫见招不欲往》

锦囊：与其杞人忧天，不如享受当下的宁静。

金句：终日看山不厌山。寻思百计不如闲。——［南宋］周紫芝《鹧鸪天》

锦囊：放下世俗的纷扰，专注于对内心的探索和对自然的感悟。

金句：夜静天高，看一片云光舒卷，顿令眼界俱空。

——［明］洪应明《菜根谭》

锦囊：追求内心的平静与满足比获得物质财富更重要。

金句：千载奇逢，无如好书良友；一生清福，只在碗茗炉烟。

——［明］洪应明《菜根谭》

锦囊：应追求内心的自由与平和，不受外界事物束缚。

金句：孤云出岫，去留一无所系，朗镜悬空，静躁两不相干。

——［明］洪应明《菜根谭》

锦囊：珍惜眼前，勿念过往，积极生活。

金句：满目山河空念远，落花风雨更伤春，不如怜取眼前人。

——［北宋］晏殊《浣溪沙·一向年光有限身》

锦囊：行善修德，真诚可通。

金句：一切福田，不离方寸；从心而觅，感无不通。

——［明］袁黄《了凡四训》

锦囊：如果心中没有杂念，过错又能从哪里来呢？

金句：过有千端，惟心所造；吾心不动，过安从生？——［明］袁黄《了凡四训》

锦囊：凡事顺其自然，不可强求。

金句：进退有命，迟速有时，澹然无求矣。——［明］袁黄《了凡四训》

锦囊：放下过去，才能重新开始。

金句：从前种种，譬如昨日死；从后种种，譬如今日生。

——［明］袁黄《了凡四训》

锦囊：要想追求成功，一定要有坚定的信心和平静的内心。

金句：知止而后有定，定而后能静，静而后能安，安而后能虑，虑而后能得。

——《大学》

锦囊：不过分在意荣辱，保持平常心便好。

金句：宠辱不惊，闲看庭前花开花落；去留无意，漫随天外云卷云舒。

——［明］陈继儒《小窗幽记》

锦囊：一个人应该有自己的价值观和行事准则，不被外界的评价左右。

金句：举世誉之而不加劝，举世非之而不加沮。——［战国］庄周《庄子》

锦囊：无法改变，就坦然接受。

金句：知其不可奈何而安之若命，德之至也。——［战国］庄周《庄子》

锦囊：活在当下，享受人生。

金句：不忘其所始，不求其所终。——［战国］庄周《庄子》

锦囊：与其在困境中勉强维持，不如放开手，各自安好。

金句：相濡以沫，不如相忘于江湖。——［战国］庄周《庄子》

锦囊：忘记是非就会内心自在。

金句：忘足，屦之适也；忘要，带之适也；知忘是非，心之适也。

——［战国］庄周《庄子》

锦囊：在物质欲望面前保持清醒，不要被物欲所困。

金句：知足者不以利自累也。——［战国］庄周《庄子》

锦囊：外在的刑罚是可见的，来自外力的作用；内心的刑罚是自找的，要学会控制情绪。

金句：为外刑者，金与木也；为内刑者，动与过也。——［战国］庄周《庄子》

锦囊：减少无谓的追求和焦虑，避免内耗。

金句：达生之情者，不务生之所无以为；达命之情者，不务知之所无奈何。

——［战国］庄周《庄子》

锦囊：学会放下一些不必要的欲望和负担，才能享受宁静的人生。

金句：少欲觉身轻。心中无一物，其大浩然无涯。——［明］薛瑄《读书录》

锦囊：专注当下，享受生活。

金句：茶一碗，酒一尊，熙熙天地一闲人。——［宋］王柏《夜宿赤松梅师房》

锦囊：所有得失都是浮云，珍惜当下，才能保持内心的平和。

金句：人生得丧何须计？一任浮云过眼来。——［清］张止原《春暮书事》

锦囊：生命有限，不须愁苦。

金句：勿以有限身，常供无尽愁。——［南宋］陆游《还都》

锦囊：做人、做事要学会忍耐和宽容。

金句：必有忍，其乃有济；有容，德乃大。——《尚书》

锦囊：即使面对困难，也要保持乐观。

金句：风力掀天浪打头，只须一笑不须愁。

——［南宋］杨万里《闷歌行十二首》

锦囊：享受懒散闲适、随心所欲的状态。

金句：松阴一架半弓苔，偶欲看书又懒开。

——［南宋］杨万里《闲居初夏午睡起》

锦囊：不要在乎阴晴变化，珍惜好时光。

金句：阴晴圆缺都休说，且喜人间好时节。

——［明］徐有贞《中秋月·中秋月》

锦囊：享受当下，自在快乐。

金句：此时情绪此时天。无事小神仙。——［北宋］周邦彦《喜迁莺·梅雨霁》

锦囊：百年如梦，莫纠结人生得失。

金句：须信百年都似梦，莫嗟万事不如人。——［宋］潘阆《樽前勉兄长》

锦囊：超然物外，宠辱不惊。

金句：钟鼎山林都是梦，人间宠辱休惊。

——［南宋］辛弃疾《临江仙·再用前韵送祐之弟归浮梁》

锦囊：放下算计和烦恼，享受生活的乐趣和美好。

金句：算不如闲，不如醉，不如痴。——［南宋］辛弃疾《行香子》

锦囊：生命有尽头，何必又叹又愁呢？

金句：人生亦有命，安能行叹复坐愁？——［南朝宋］鲍照《拟行路难》

锦囊：古往今来，世事变迁，不过如此。

金句：白发渔樵江渚上，惯看秋月春风。

——［明］杨慎《临江仙·滚滚长江东逝水》

锦囊：为人处世要懂得满足、顺其自然。

金句：知足不辱，知止不殆，可以长久。——［春秋］老子《道德经》

锦囊：享受宁静的生活，减少内心的纷扰，避免内耗。

金句：看山看水独坐，听风听雨高眠。——［元］徐贲《写意》

锦囊：学会看淡是非和纷争，减少内心的消耗和疲惫。

金句：是非拂面尘，消磨尽，古今无限人。——［元］张可久《金字经·乐闲》

锦囊：自由不是外在的束缚被解除，而是获得内心的宁静与超脱。

金句：一叶舟中吟复醉，云水。此时方认自由身。

——［五代］李珣《定风波》

锦囊：要珍惜时间和精力，将其投入到真正有意义的事情上。

金句：繁忙，大多是一种蒸腾的消耗。——［当代］余秋雨《行者无疆》

锦囊：生活中的心事源于过多的欲望、执念和忧虑，要学会放下。

金句：不用什么心事，心事在人生活中，也就留不住了。

——［现代］沈从文《边城》

锦囊：我们要学会欣赏生命的多样性和美好。

金句：人生不必问“为什么”！活着不一定有目标。

——［现代］张爱玲《私语录》

锦囊：在生活中要保持谦逊和理性，避免陷入无意义的争斗和冲突中。

金句：聪明人，无谓争意气。——［当代］亦舒《连环》

好运金句

春风得意马蹄疾，
一日看尽长安花。

锦囊：时来运转，万树花开。

金句：忽如一夜春风来，千树万树梨花开。

——［唐］岑参《白雪歌送武判官归京》

锦囊：得偿所愿，看遍天下繁华。

金句：春风得意马蹄疾，一日看尽长安花。——［唐］孟郊《登科后》

锦囊：梦想启航，顶峰相见。

金句：一鸣从此始，相望青云端。——［唐］刘禹锡《送韦秀才道冲赴制举》

锦囊：乘风破浪，直上青云。

金句：好风频借力，送我上青云。——［清］曹雪芹《临江仙·柳絮》

锦囊：岁月悠长，信守如一。

金句：愿如风有信，长与日俱中。——［北宋］苏轼《春帖子词》

锦囊：愿亲人都健康长寿，即使相隔千里也能一起欣赏这美好的月亮。

金句：但愿人长久，千里共婵娟。

——［北宋］苏轼《水调歌头·明月几时有》

锦囊：一个人只要具备浩然之气，在任何境遇中都能处之泰然。

金句：一点浩然气，千里快哉风。

——［北宋］苏轼《水调歌头·黄州快哉亭赠张偓佺》

锦囊：每天能无忧无虑小酌几杯，就是人生佳境。

金句：身长健，但优游卒岁，且斗尊前。

——［北宋］苏轼《沁园春·孤馆灯青》

锦囊：拨云见日，心自明朗。

金句：了了晴山见，纷纷宿雾空。——［南宋］赵蕃《早行示同舟》

锦囊：笑对人生，自在前行。

金句：人生自在常如此，何事能妨笑口开？——［南宋］陆游《杂感》

锦囊：愿财源滚滚、生活富足。

金句：会当车载金钱去，买取春归亦足豪。

——［南宋］陆游《花时遍游诸家园》

锦囊：年轻人意气风发，必定能成就一番事业。

金句：画凌烟，上甘泉。自古功名属少年。

——［南宋］陆游《长相思·面苍然》

锦囊：愿你我皆如日月星辰，能照亮前行之路。

金句：昭昭若日月之明，离离如星辰之行。

——［南朝梁］刘勰《文心雕龙》

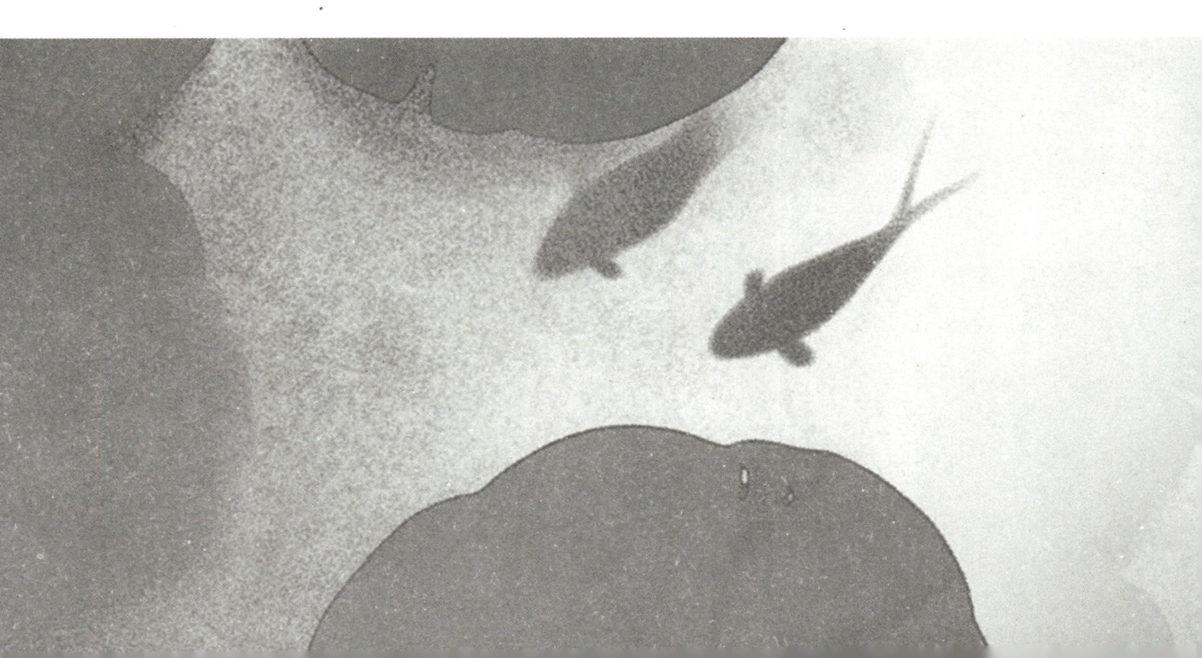

锦囊：愿你展翅高飞，梦想成真。

金句：希君生羽翼，一化北溟鱼。

——［唐］李白《江夏使君叔席上赠史郎中》

锦囊：困难终会过去，美好即将到来。

金句：山随平野尽，江入大荒流。——［唐］李白《渡荆门送别》

锦囊：再难走的路，也有尽头，只要坚持就会看见光明！

金句：何当凌云霄，直上数千尺。——［唐］李白《南轩松》

锦囊：愿无忧无扰，与朋友开怀畅饮。

金句：开琼筵以坐花，飞羽觞而醉月。——［唐］李白《春夜宴从弟桃花园序》

锦囊：心胸宽广，万物皆可成风景。

金句：黄河落天走东海，万里写入胸怀间。——［唐］李白《赠裴十四》

锦囊：愿天下有情人终成眷属，愿人们都能幸福地生活。

金句：愿天上人间，占得欢娱，年年今夜。——［北宋］柳永《二郎神·炎光谢》

锦囊：百事大吉，万事顺利。

金句：愿新春以后，吉吉利利。百事都如意。

——［南宋］赵长卿《探春令·笙歌间错华筵启》

锦囊：只要潜心努力，未来一定会有所作为。

金句：摩霄志在潜修羽，会接鸾凰别苇丛。——［唐］刘象《鹭鸶》

锦囊：辞旧迎新，告别过去，迎接新的一年。

金句：千门万户曈曈日，总把新桃换旧符。——［北宋］王安石《元日》

锦囊：努力向上攀登，当我抵达顶峰时，就再也没有什么能阻挡我。

金句：不畏浮云遮望眼，自缘身在最高层。——［北宋］王安石《登飞来峰》

锦囊：祝君拥有更加辉煌的事业和人生。

金句：愿祝君如此山水，滔滔岌岌风云起。

——［北宋］冯时行《遗夔门故旧》

锦囊：只待时机一到，定能一飞冲天。

金句：千红万紫安排著，只待新雷第一声。——［清］张维屏《新雷》

锦囊：生活富足安逸，不受约束。

金句：腰缠十万贯，骑鹤上扬州。——［南朝梁］殷芸《殷芸小说》

锦囊：一个人本身蕴藏着巨大的价值和潜力，迟早会闪耀光芒。

金句：山藏异宝山含秀，沙有黄金沙放光。——［明］冯梦龙《醒世恒言》

锦囊：一切问题都会迎刃而解。

金句：山高自有客行路，水深自有渡船人。——［明］吴承恩《西游记》

锦囊：遇到困境或绝境时，不要放弃，事情总会迎来转机。

金句：行到水穷处，坐看云起时。——［唐］王维《终南别业》

锦囊：无论外界如何变化，内心要始终保持豁达。

金句：暗昧处见光明世界，此心即白日青天。——［清］王永彬《围炉夜话》

锦囊：我们的潜能终会被激发，奋力去实现既定的目标。

金句：温养潜龙复与临。妙运自天心。——[宋]萧廷之《南乡子》

锦囊：有才能的人不会被埋没。

金句：骊珠难隐耀，皋鹤会长鸣。——[唐]钱起《送李兵曹赴河中》

锦囊：愿你能打动道德高尚、情感丰富的性情中人。

金句：苍梧来怨慕，白芷动芳馨。——[唐]钱起《省试湘灵鼓瑟》

锦囊：愿一展宏图，实现抱负。

金句：奋跃风生鬣，腾凌浪鼓鳍。——[唐]钱起《巨鱼纵大壑》

锦囊：愿生活美好，没有烦恼。

金句：时时闻鸟语，处处是泉声。——[唐]白居易《遗爱寺》

锦囊：无论遭遇多大的挫折，只要不放弃，就一定能够重新站起来。

金句：野火烧不尽，春风吹又生。——[唐]白居易《赋得古原草送别》

锦囊：愿顺利考取功名。

金句：丹墀对策三千字，金榜题名五色春。

——[元]王冕《送王克敏之安丰录事》

锦囊：愿早日成长为栋梁之才。

金句：愿君移向长林间，他日将来作梁栋。——[元]王冕《盆中树》

锦囊：年轻人应顺势而起，在时代大潮中劈波斩浪，青云直上。

金句：鹰击天风壮，鹏飞海浪春。

——［北宋］司马光《之美举进士寓京师范此诗寄之》

锦囊：心意辽阔，人生就会充满无限可能。

金句：星垂平野阔，月涌大江流。——［唐］杜甫《旅夜书怀》

锦囊：愿桃花运旺盛。

金句：三月三日天气新，长安水边多丽人。——［唐］杜甫《丽人行》

锦囊：光阴匆匆而去，祝愿你有个美好的前程。

金句：人间岁月堂堂去，劝君快上青云路。

——［南宋］辛弃疾《菩萨蛮·送曹君之庄所》

锦囊：别放弃努力，未来某天一定能实现理想和抱负。

金句：我觉君非池中物，咫尺蛟龙云雨。

——［南宋］辛弃疾《贺新郎·和徐斯远下第谢诸公载酒相访韵》

锦囊：愿仕途顺遂，官运亨通，迅速升到高位。

金句：明年此日青云上，却笑人间举子忙。

——［南宋］辛弃疾《鹧鸪天·送廓之秋试》

锦囊：干了这一杯，愿岁月悠长，你我年年有今日。

金句：一觞为饮千岁，江海吸流霞。

——［南宋］辛弃疾《水调歌头·寿赵漕介庵》

锦囊：永远不要舍弃灵魂中那个心高气傲的英雄。

金句：唤起一天明月，照我满怀冰雪，浩荡百川流。

——［南宋］辛弃疾《水调歌头·和马叔度游月波楼》

锦囊：美好的果实必出自肥沃的土壤。

金句：根之茂者其实遂，膏之沃者其光晔。——［唐］韩愈《答李翊书》

锦囊：善念可以带来福报。

金句：一念之善，吉神随之。——［明］陈继儒《小窗幽记》

锦囊：你不需要成为谁，你就是最好的自己。

金句：何须浅碧深红色，自是花中第一流。——［宋］李清照《鹧鸪天·桂花》

锦囊：祝您长命百岁，与松椿同寿。

金句：祝千龄，借指松椿比寿。——［宋］李清照《长寿乐·南昌生日》

锦囊：愿您儿孙满堂，而且个顶个出息。

金句：到如今，昼锦满堂贵胄。——［宋］李清照《长寿乐·南昌生日》

锦囊：上天保佑您安宁，万事兴盛。

金句：天保定尔，以莫不兴。——《诗经·小雅·天保》

锦囊：上天保佑，赐你多福多寿。

金句：神之吊矣，诒尔多福。——《诗经·小雅·天保》

锦囊：您像南山永长寿，永不减损不崩塌。

金句：如南山之寿，不骞不崩。——《诗经·小雅·天保》

锦囊：结识您这样的君子真是令人高兴，祝您万寿无疆。

金句：乐只君子，万寿无疆。——《诗经·小雅·南山有台》

锦囊：愿你子孙满堂，其乐融融。

金句：螽斯羽，揖揖兮。宜尔子孙，蛰蛰兮。——《诗经·周南·螽斯》

锦囊：风水轮流转，我的好运即将来临。

金句：迈迈时运，穆穆良朝。——［东晋］陶渊明《时运》

锦囊：只要时机一到，就能够东山再起，重振雄风。

金句：一朝红日出，依旧与天齐。——［明］朱元璋《咏竹》

锦囊：努力飞上高空，让所有看不起你的人，抬头仰望。

金句：几人平地上，看我碧霄中。

——［北宋］侯蒙《临江仙·未遇行藏谁肯信》

锦囊：唯有奋发自强，才能实现心中理想。

金句：我欲乘风去，击楫誓中流。

——［南宋］张孝祥《水调歌头·闻采石战胜》

锦囊：眼前的困境只是暂时的，相信一定能迎来转机。

金句：春雨足，染就一溪新绿。——［唐］韦庄《谒金门·春雨足》

锦囊：人生之路上，只要努力拼搏，一定能脱颖而出，实现人生价值。

金句：纵横逸气宁称力，驰骋长途定出群。

——［唐］李绛《和裴相国答张秘书赠马诗》

锦囊：你会遇见你的贵人，助你直达人生巅峰。

金句：春风如贵客，一到便繁华。——［清］袁枚《春风》

锦囊：只要有不屈的意志，一定能绽放青春的光采。

金句：白日不到处，青春恰自来。——［清］袁枚《苔》

锦囊：没有一帆风顺的人生，正是这些磨砺让我们的人生更加有意义。

金句：有磨皆好事，无曲不文星。——［清］袁枚《随园诗话》

锦囊：现虽未得志，将来某一天一定会实现抱负。

金句：即今江海一归客，他日云霄万里人。——［唐］高适《送桂阳孝廉》

锦囊：愿我们的生命常青不衰，永远充满生机与活力！

金句：愿君千万岁，无岁不逢春。——［唐］李远《翦彩》

锦囊：在成长过程中，要保持自信，不断突破自我，争取达到更高的境界。

金句：飞龙在天，利见大人。——《周易》

锦囊：永远顺应时代潮流。

金句：凡益之道，与时偕行。——《周易》

锦囊：领导者只有具有强大的影响力和号召力，才能够引领追随者共同前进。

金句：虎啸而谷风至兮，龙举而景云往。——［西汉］东方朔《七谏》

锦囊：好运即将到来。

金句：野客预知农事好，三冬瑞雪未全消。——［南宋］戴复古《除夜》

锦囊：保持一颗年轻的心，去迎接每一个充满希望和生机的春天。

金句：不辞加一岁，唯喜到三春。——［唐］薛能《除夜作》

锦囊：要保持对生活的热爱和对美好事物的向往。

金句：听烧爆竹童心在，看换桃符老兴偏。——［清］孔尚任《甲午元旦》

锦囊：愿新的一年平安吉祥、风调雨顺。

金句：天上风云庆会时，庙谟争遣草茆知。——［明］陈献章《元旦试笔》

锦囊：困难已经过去，美好的生活已经到来。

金句：天地风霜尽，乾坤气象和。——［元］叶颙《己酉新正》

锦囊：愿好运如影随形，常伴左右。

金句：暗尘随马去，明月逐人来。——［唐］苏味道《正月十五夜》

锦囊：愿一路上都有美好的回忆。

金句：箫鼓喧，人影参差，满路飘香麝。——［北宋］周邦彦《解语花·上元》

锦囊：愿喜气临门，心想事成。

金句：喜盈我室，所愿必得。——［西汉］焦延寿《焦氏易林》

锦囊：愿家中富裕，每年收获颇丰。

金句：仓库盈亿，年岁有息。——［西汉］焦延寿《焦氏易林》

锦囊：愿福气绵延不断。

金句：春日载阳，福履齐长。——［西汉］焦延寿《焦氏易林》

锦囊：无论前路多么艰难，都一定能够抵达彼岸。

金句：好共大鹏双奋击，此行有路到南溟。——［南宋］王迈《臞轩集》

锦囊：愿你我能在这月圆之夜，共同享受那份皎洁和美好。

金句：留明待月复，三五共盈盈。——［南宋］范成大《车遥遥篇》

锦囊：无论人生处于何种阶段，都要从中找到美好，并以积极的心态去面对。

金句：愿所有的幸福都追随着你，仰首是春，俯首是秋。愿所有的快乐都陪伴着你，月圆是画，月缺是诗。——［当代］汪国真《旅行》

锦囊：始终保持一颗乐观向上的心，去感受生命中的爱与幸福。

金句：只要我们的爱与幸福可以绵延，使欢喜充满在每一刻，那就是生命最大的祝愿了。——［当代］林清玄《长命菜》

锦囊：幸福并不遥远，只要我们用心去寻找，总会找到。

金句：只要心中有情，处处在在都有清欢，都有小小而确定的幸福。

——［当代］林清玄《人间有味是清欢》

锦囊：不要仅凭一时的得失来下定论，眼前的困境不过是暂时的。

金句：人命运的好坏不能看一时，可得走着瞧。

——［当代］冯骥才《高女人和她的矮丈夫》

锦囊：面对挑战时不要退缩，勇于开辟属于自己的成功之路。

金句：没有天生的顺利的机会，顺利是从困难中开辟出来的。

——［现代］冯雪峰《铭记三》

退场金句

我醉欲眠卿且去，
明朝有意抱琴来。

锦囊：即使生不逢时，也不愿屈心降志，迎合世俗。

金句：前不见古人，后不见来者。念天地之悠悠，独怆然而涕下。

——［唐］陈子昂《登幽州台歌》

锦囊：要有随心所欲、不拘礼节的人生态度。

金句：我醉欲眠卿且去，明朝有意抱琴来。

——［唐］李白《山中与幽人对酌》

锦囊：释放真我，笑对人生路。

金句：仰天大笑出门去，我辈岂是蓬蒿人。

——［唐］李白《南陵别儿童入京》

锦囊：不要谄媚求存。

金句：安能摧眉折腰事权贵，使我不得开心颜？

——［唐］李白《梦游天姥吟留别》

锦囊：完成大事之后，仍保持淡泊与潇洒的态度。

金句：事了拂衣去，深藏身与名。——［唐］李白《侠客行》

锦囊：抛开不如意，追求心灵的自由。

金句：人生在世不称意，明朝散发弄扁舟。

——［唐］李白《宣州谢朓楼饯别校书叔云》

锦囊：干了这杯酒，各自奔东西。

金句：飞蓬各自远，且尽手中杯。——［唐］李白《鲁郡东石门送杜二甫》

锦囊：离别在即，依依不舍。

金句：暂就东山赊月色，酣歌一夜送泉明。

——［唐］李白《送韩侍御之广德》

锦囊：人生如寄，沧海一粟，功名利禄终将会一去不复还。

金句：登高壮观天地间，大江茫茫去不还。

——［唐］李白《庐山谣寄卢侍御虚舟》

锦囊：即使在失落和困境中，也能找到新的希望和慰藉。

金句：枝上柳绵吹又少。天涯何处无芳草。——［北宋］苏轼《蝶恋花·春景》

锦囊：远离尘世喧嚣，将余生寄托于江海之间。

金句：小舟从此逝，江海寄余生。——［北宋］苏轼《临江仙·夜饮东坡醒复醉》

锦囊：人生应豁达，淡然面对过往。

金句：回首向来萧瑟处，归去，也无风雨也无晴。

——［北宋］苏轼《定风波·莫听穿林打叶声》

锦囊：向往自由不羁的生活，青春易逝，应尽情享受人生。

金句：且趁闲身未老，尽放我、些子疏狂。

——［北宋］苏轼《满庭芳·蜗角虚名》

锦囊：严谨的家风令人赞叹。

金句：嘉谋定国垂青史，盛事传家有素风。——［北宋］苏轼《题永叔会老堂》

锦囊：分别之前，一醉方休。

金句：相逢一醉是前缘，风雨散、飘然何处？

——［北宋］苏轼《鹊桥仙·七夕送陈令举》

锦囊：历史变迁，人事更迭，要学会珍惜生活。

金句：衰兰送客咸阳道，天若有情天亦老。

——［唐］李贺《金铜仙人辞汉歌》

锦囊：怀念往昔时光，享受美好生活。

金句：欲买桂花同载酒，终不似，少年游。

——［南宋］刘过《唐多令·芦叶满汀洲》

锦囊：有时沉默比言语更能深刻地传达情感和心境。

金句：别有幽愁暗恨生，此时无声胜有声。——［唐］白居易《琵琶行》

锦囊：情深难断，思念无期。

金句：天长地久有时尽，此恨绵绵无绝期。——［唐］白居易《长恨歌》

锦囊：即使面对死亡，仍应有壮怀激烈、慷慨赴难的豪迈之情。

金句：我自横天向天笑，去留肝胆两昆仑。——［清］谭嗣同《狱中题壁》

锦囊：要为正义事业英勇奋斗，奉献一生。

金句：人生自古谁无死？留取丹心照汗青。——［南宋］文天祥《过零丁洋》

锦囊：期望未来再次重逢。

金句：一曲清歌满樽酒，人生何处不相逢。——［北宋］晏殊《金柅园》

锦囊：应该积极地面对未来。

金句：莫愁前路无知己，天下谁人不识君。——［唐］高适《别董大二首》

锦囊：愿我们坚持奋斗、殊途同归，都能实现各自的理想。

金句：于道各努力，千里自同风。——［北宋］周行己《送友人东归》

锦囊：笑对人生，洒脱前行。

金句：一笑出门去，千里落花风。

——［南宋］辛弃疾《水调歌头·我饮不须劝》

锦囊：要为国立功。

金句：了却君王天下事，赢得生前身后名。

——［南宋］辛弃疾《破阵子·为陈同甫赋壮词以寄之》

锦囊：离别之后，良辰美景能与谁一同分享呢？

金句：此去经年，应是良辰好景虚设。便纵有千种风情，更与何人说？

——［北宋］柳永《雨霖铃·寒蝉凄切》

锦囊：向往超然物外的归隐生活。

金句：悟已往之不谏，知来者之可追。实迷途其未远，觉今是而昨非。

——［东晋］陶渊明《归去来兮辞》

锦囊：对自由的生活，心生向往。

金句：久在樊笼里，复得返自然。——［东晋］陶渊明《归园田居》

锦囊：斯人已逝，侠义永存。

金句：其人虽已没，千载有余情。——［东晋］陶渊明《咏荆轲》

锦囊：隐逸生活闲适自在，令人心生向往。

金句：山中何事？松花酿酒，春水煎茶。

——［元］张可久《人月圆·山中书事》

锦囊：欣赏自然的美景，享受超脱世俗的生活。

金句：万里归船弄长笛，此心吾与白鸥盟。——［北宋］黄庭坚《登快阁》

锦囊：江湖中人，四海为家。

金句：满船明月从此去，本是江湖寂寞人。

——［北宋］黄庭坚《到官归志浩然二绝句》

锦囊：要追求自由、闲适、充满诗意的生活。

金句：但愿老死花酒间，不愿鞠躬车马前。——［明］唐寅《桃花庵歌》

锦囊：即使彼此分开，也要互相惦记、不要忘怀。

金句：从此应多好消息，莫忘江上一闲人。——［唐］贯休《送郑阁赴闽辟》

锦囊：人生无常，世事变迁，虽碌碌无功，也不甘就此离开。

金句：此系身前身后事，倩谁记取作奇传。——［清］曹雪芹《红楼梦》

锦囊：生命无常，要懂得珍惜生活。

金句：花谢花飞花满天，红消香断有谁怜？——［清］曹雪芹《红楼梦》

锦囊：每个人终会离去。

金句：侬今葬花人笑痴，他年葬侬知是谁？——［清］曹雪芹《红楼梦》

锦囊：红颜薄命犹如鲜花凋落。

金句：一朝春尽红颜老，花落人亡两不知！——［清］曹雪芹《红楼梦》

锦囊：年年岁岁花相似，岁岁年年人不同。

金句：乐极悲生，人非物换，究竟是到头一梦，万境归空。

——［清］曹雪芹《红楼梦》

锦囊：珍惜每一次相遇。

金句：一叶浮萍归大海，为人何处不相逢！——［明］吴承恩《西游记》

锦囊：安心地睡，远离烦恼。

金句：一觉安眠风浪俏，无荣无辱无烦恼。——［明］吴承恩《西游记》

锦囊：同生共死，情谊深厚。

金句：不求同年同月同日生，只愿同年同月同日死。

——［元］关汉卿《单刀会》

锦囊：人生苦短，珍惜生命。

金句：人生一世，草生一秋。——［明］施耐庵《水浒传》

锦囊：死也要死得有意义。

金句：人固有一死，或重于泰山，或轻于鸿毛，用之所趋异也。

——［西汉］司马迁《报任安书》

锦囊：要坦然面对生死。

金句：生当作人杰，死亦为鬼雄。——［宋］李清照《夏日绝句》

锦囊：罢职回乡的心情就像秋天的落叶一样。

金句：客有归欤叹，凄其霜露浓。——［唐］李颀《望秦川》

锦囊：愿为守住高尚的情操而牺牲，也不愿丧失节气而苟活。

金句：大丈夫宁可玉碎，不能瓦全。——［唐］李百药《北齐书》

锦囊：有建功立业的德行，即使离世，也会美名扬。

金句：及时立功德，身后犹光明。——［唐］刘驾《励志》

锦囊：大丈夫应一心为国。

金句：大丈夫既以身许国家，许知己，惟鞠躬尽瘁而已，他复何言。

——［明］张居正《答上师相徐存斋》

锦囊：面临困境和诱惑，也要保持高尚的品德。

金句：宁直见伐，无为曲全。宁渴而死，不饮盗泉。

——［明］王廷陈《矫志篇》

锦囊：即使面对死亡，也要坚守清白。

金句：粉身碎骨浑不怕，要留清白在人间。——［明］于谦《石灰吟》

锦囊：即使失去生命，高洁的情操依然如故。

金句：零落成泥碾作尘，只有香如故。——［南宋］陆游《卜算子·咏梅》

锦囊：愿为国家和人民贡献自己的力量。

金句：落红不是无情物，化作春泥更护花。——［清］龚自珍《己亥杂诗》

锦囊：为了国家，要义无反顾、不畏艰苦。

金句：孰知不向边庭苦，纵死犹闻侠骨香。——［唐］王维《少年行四首》

锦囊：要追求内心的宁静与自由。

金句：但去莫复问，白云无尽时。——［唐］王维《送别》

锦囊：为了国家的利益，不顾个人安危。

金句：苟利国家生死以，岂因祸福避趋之！

——［清］林则徐《赴戍登程口占示家人二首》

锦囊：要有报效祖国的决心。

金句：生平未报国，留作忠魂补。——［明］杨继盛《就义诗》

锦囊：萍水相逢不过是梦一场。

金句：此后锦书休寄，画楼云雨无凭。

——［北宋］晏几道《清平乐·留人不住》

锦囊：离别时，有太多不舍和挂念。

金句：别后不知君远近，触目凄凉多少闷。

——［北宋］欧阳修《玉楼春·别后不知君远近》

锦锦囊：离别后，相思之愁无处化解。

金句：渐行渐远渐无书，水阔鱼沉何处问。

——［北宋］欧阳修《玉楼春·别后不知君远近》

囊：时光易逝，珍惜当下。

金句：把酒祝东风，且共从容。——［北宋］欧阳修《浪淘沙·把酒祝东风》

锦囊：不管离开还是留下，都会在梦里挂记对方。

金句：无论去与住，俱是梦中人。——［唐］王勃《别薛华》

锦囊：与君一别，从此天各一方，彼此珍重。

金句：数声风笛离亭晚，君向潇湘我向秦。——［唐］郑谷《淮上与友人别》

锦囊：那片青山，在你的背影中逐渐变得模糊而遥远。

金句：荷笠带斜阳，青山独归远。——［唐］刘长卿《送灵澈上人》

锦囊：送朋友远行时，无法排遣心中的孤独和落寞。

金句：日暮酒醒人已远，满天风雨下西楼。——［唐］许浑《谢亭送别》

锦囊：送别亲友断人肠。

金句：日暮征帆何处泊，天涯一望断人肠。

——［唐］孟浩然《送杜十四之江南》

锦囊：热闹的游人已经退场，留下的只有杨柳和黄鹂。

金句：日暮笙歌收拾去，万株杨柳属流莺。

——［南宋］吴惟信《苏堤清明即事》

锦囊：离别之情，是最令人难过的情感。

金句：自是浮生无可说。人间第一耽离别。

——［近代］王国维《蝶恋花·满地霜华浓似雪》

锦囊：月光如水，无言却深情。

金句：雁声远过潇湘去，十二楼中月自明。——［唐］温庭筠《瑶瑟怨》

锦囊：人生中的聚散离合，皆是命中注定。

金句：浮生如此，别多会少，不如莫遇。

——［清］纳兰性德《水龙吟·再送荪友南还》

锦囊：明月高悬夜空，清幽的月光洒落在我孤寂的心头。

金句：高楼送客不能醉，寂寂寒江明月心。

——［唐］王昌龄《芙蓉楼送辛渐二首》

锦囊：只要心在一起，分别也不是问题。

金句：青山一道同云雨，明月何曾是两乡。——［唐］王昌龄《送柴侍御》

锦囊：时间流逝，岁月无情，离别平添一份哀愁与无奈。

金句：客里别君还岁晚，江湖寥廓泪堪浑。——［宋］张嵲《送别》

锦囊：岁月匆匆，花开花落，朋友们现在都过得怎样？

金句：去年花里逢君别，今日花开又一年。——［唐］韦应物《寄李儋元锡》

锦囊：下次相见不知道是何时何地了。

金句：不知来岁牡丹时，再相逢何处。——［北宋］叶清臣《贺圣朝·留别》

锦囊：即便有物可寄，也难以承载深厚的情感。

金句：一从别后各天涯。欲寄梅花，莫寄梅花。

——［南宋］汪元量《一剪梅·怀旧》

锦囊：放下令人不愉快的记忆，好好照顾自己。

金句：弃捐勿复道，努力加餐饭。——《古诗十九首》

锦囊：无论前路多么艰险，能与爱人相伴是最大的幸福。

金句：愿身能似月亭亭，千里伴君行。——［北宋］张先《江南柳》

锦囊：离别后，望各自安好。

金句：从此音尘各悄然，春山如黛草如烟。——［清］黄景仁《感旧四首》

锦囊：人生短暂无常，珍惜当下吧！

金句：我的归去，只是一场悲喜，来去匆匆。

——［当代］三毛《梦里花落知多少》

锦囊：生命中的每一次相遇与离别都是缘分的安排，我们无法预知也无法控制。

金句：缘起而回眸，再见又再见，缘尽而转身，再也不见了。

——［当代］张小娴《我这辈子有过你》

锦囊：起点高低并不重要，重要的是我会赢得所有人的尊重。

金句：我不需要在掌声中登场，但我希望有一天可以在掌声中告退。

——［当代］张小娴《谢谢你离开我》

礼仪文化

骑下马，乘下车。
过犹待，百步余。

锦囊：要尊重别人的习惯和禁忌。

金句：入境而问禁，入国而问俗，入门而问讳。——《礼记》

锦囊：要像车轮一样缓慢而稳重地移动，以示对人的尊重。

金句：行不举足，车轮曳踵。——《礼记》

锦囊：要保持端庄的姿态，不要歪头听别人说话。

金句：立必方正，不倾听。——《礼记》

锦囊：要保持态度端正，行为端庄。

金句：礼义之始，在于正容体、齐颜色、顺辞令。——《礼记》

锦囊：过门时请客人先走。

金句：凡与客入者，每门让于客。——《礼记》

锦囊：诺不轻信，故人不负我；诺不轻许，故我不负人。

金句：口惠而实不至，怨菑及其身。——《礼记》

锦囊：拜见长辈要带礼物。

金句：不以贽，不敢见尊者。——《礼记》

锦囊：坐姿也要讲究礼仪。

金句：虚坐尽后，食坐尽前。——《礼记》

锦囊：请教长者时，要有礼貌。

金句：谋于长者，必操几杖以从之。长者问，不辞让而对，非礼也。

——《礼记》

锦囊：遵守礼仪规范，就不会有争执和冲突。

金句：乐至则无怨，礼至则不争。——《礼记》

锦囊：言行举止要得宜。

金句：君子不失足于人，不失色于人，不失口于人。——《礼记》

锦囊：出门和回家都要和父母打招呼。

金句：夫为人子者，出必告，反必面。——《礼记》

锦囊：作为晚辈，要找好自己的位置。

金句：为人子者，居不主奥，坐不中席，行不中道，立不中门。

——《礼记》

锦囊：不登高处，不站在深渊旁边，不嘲笑、诋毁别人。

金句：不登高，不临深，不苟訾，不苟笑。——《礼记》

锦囊：父母在世，就不要为朋友两肋插刀。

金句：父母存，不许友以死，不有私财。——《礼记》

锦囊：照顾长辈要知冷知热，不和同辈争吵。

金句：凡为人子之礼，冬温而夏凊，昏定而晨省，在丑夷不争。

——《礼记》

锦囊：学习礼数很重要。

金句：人有礼则安，无礼则危。故曰：礼者不可不学也。——《礼记》

锦囊：和老师一同出行，或路上遇到老师态度要恭敬。

金句：从于先生，不越路而与人言。遭先生于道，趋而进，正立拱手。

——《礼记》

锦囊：登高望远，要顺着长者的目光远眺。

金句：从长者而上丘陵，则必向长者所视。——《礼记》

锦囊：行动要遵从礼仪。

金句：若夫，坐如尸，立如齐。礼从宜，使从俗。——《礼记》

锦囊：即使与关系亲密的人相处，也要把握分寸。

金句：狎而敬之，畏而爱之。——《礼记》

锦囊：提问时要起立。

金句：请业则起，请益则起。——《礼记》

锦囊：应尊重他人，言辞要简洁得当。

金句：礼，不妄说人，不辞费。——《礼记》

锦囊：礼的实质在于自己要谦卑，对他人要尊重。

金句：夫礼者，自卑而尊人。——《礼记》

锦囊：待人应恭敬严谨。

金句：毋不敬，俨若思，安定辞。——《礼记》

锦囊：内在修养和言行一致都很重要。

金句：修身践言，谓之善行。行修言道，礼之质也。——《礼记》

锦囊：父母再世与不在世时，要注意穿衣礼节。

金句：为人子者，父母存，冠衣不纯素。孤子当室，冠衣不纯采。

——《礼记》

锦囊：吃饭不要挑三拣四。

金句：凡饮食之物，勿争较多少美恶。——《礼记》

锦囊：吃东西要细嚼慢咽，不可出声。

金句：必轻嚼缓咽，不可闻饮食之声。——《礼记》

锦囊：注重节俭的同时也要注重礼节。

金句：人不徒贵俭，而贵有礼。——《礼记》

锦囊：不要揭露别人的短处，不随意谈论别人的隐私。

金句：人有短，切莫揭；人有私，切莫说。——［清］李毓秀《弟子规》

锦囊：要尊敬长辈。

金句：路遇长，疾趋揖。长无言，退恭立。——［清］李毓秀《弟子规》

锦囊：不要贸然进入别人房间。

金句：将入门，问孰存。将上堂，声必扬。——［清］李毓秀《弟子规》

锦囊：长幼有序。

金句：或饮食，或坐走。长者先，幼者后。——［清］李毓秀《弟子规》

锦囊：在长辈面前要谦虚恭谨。

金句：称尊长，勿呼名。对尊长，勿见能。——［清］李毓秀《弟子规》

锦囊：要恭送长辈离开。

金句：骑下马，乘下车。过犹待，百步余。——［清］李毓秀《弟子规》

锦囊：尊敬长辈，团结兄弟。

金句：事诸父，如事父。事诸兄，如事兄。——［清］李毓秀《弟子规》

锦囊：多记念别人的好，忘掉别人的不好。

金句：恩欲报，怨欲忘。报怨短，报恩长。——［清］李毓秀《弟子规》

锦囊：避免引起不必要的误会。

金句：瓜田不纳履，李下不正冠。——［三国魏］曹植《君子行》

锦囊：饭桌上要和大家一起吃喝，不要只顾自己。

金句：举箸匙，必请大家同举。——［近代］李炳南《常礼举要》

锦囊：拜访别人家要敲门。

金句：先立外轻轻叩门，主人让入方入。——［近代］李炳南《常礼举要》

锦囊：不要只贪图安逸，要有远大目标和崇高追求。

金句：君子食无求饱，居无求安，敏于事而慎于言，就有道而正焉。可谓好学也已。——《论语》

锦囊：吃饭、睡觉要有好的习惯，不影响别人。

金句：食不语，寝不言。——《论语》

锦囊：孝顺父母，敬爱兄长，是做人的根本。

金句：孝弟也者，其为仁之本与！——《论语》

锦囊：父母在世，不出远门，如果要出远门，必须告知自己所去的地方。

金句：父母在，不远游，游必有方。——《论语》

锦囊：礼仪可以使人际关系更加和谐。

金句：礼之用，和为贵。——《论语》

锦囊：礼仪可以促进自我约束，减少过失。

金句：以约失之者，鲜矣。——《论语》

锦囊：礼可以约束和调节人的行为，避免在与人交往时产生不良后果。

金句：恭而无礼则劳，慎而无礼则葸，勇而无礼则乱，直而无礼则绞。

——《论语》

锦囊：不符合礼仪的事情不要做。

金句：非礼勿视，非礼勿听，非礼勿言，非礼勿动。——《论语》

锦囊：严格要求自己德行的人在全天下都有志同道合的人。

金句：君子敬而无失，与人恭而有礼。四海之，内皆兄弟也。——《论语》

锦囊：在聚会中，应该尊老敬老，有老年人在场时不要随意离开。

金句：乡人饮酒，杖者出，斯出矣。——《论语》

锦囊：与人交往时要保持适度的距离。

金句：狎甚则相简，庄甚则不亲。——《孔子家语》

锦囊：讲究礼节和品德很重要。

金句：人而无仪，不死何为？——《诗经·鄘风·相鼠》

锦囊：朋友之间要懂得礼尚往来。

金句：投我以桃，报之以李。——《诗经·大雅·抑》

锦囊：温和、宽厚地对待他人，是维系道德的基础。

金句：温温恭人，维德之基。——《诗经·大雅·抑》

锦囊：不要在背后议论和污蔑他人。

金句：人之多言，亦可畏也。——《诗经·郑风·将仲子》

锦囊：后辈不能忘记前辈的扶持与教导。

金句：新竹高于旧竹枝，全凭老干为扶持。——[清]郑燮《新竹》

锦囊：重视长辈和后辈的顺序。

金句：长幼有序，则事业捷成而有所休。——《荀子》

锦囊：礼能端正身心。

金句：礼者，所以正身也。——《荀子》

锦囊：用礼仪做辅佐，可以更好地在社会上行走。

金句：以礼为翼者，所以行于世也。——[战国]庄周《庄子》

锦囊：有恭敬待人的心思，就是礼的体现。

金句：恭敬之心，礼也。——《孟子》

锦囊：谦逊、辞让是礼仪的基础。

金句：辞让之心，礼之端也。——《孟子》

锦囊：要讲礼法，有仁爱之心。

金句：非仁无为也，非礼无行也。——《孟子》

锦囊：做人做事要保持谦虚、谨慎的态度。

金句：轻则寡谋，骄则无礼。——［春秋］左丘明《国语》

锦囊：有求于人时，态度要礼貌谦逊。

金句：将求于人，则先下之，礼之善物也。——［春秋］左丘明《左传》

锦囊：要尊重各地不同的风俗。

金句：千里不同风，百里不共雷。——［东汉］王充《论衡》

锦囊：用餐时也要遵守规矩。

金句：凡饮食，举匙必置箸，举箸必置匙。——［南宋］朱熹《童蒙须知》

锦囊：以诚待人，以理服人。

金句：人用术，我以诚感之；人使气，我以理屈之。——［清］金缨《格言联璧》

锦囊：照顾父母要谨慎、耐心。

金句：出入扶持须谨慎，朝夕伺候莫厌烦。——《劝报亲恩篇》

锦囊：要孝敬父母，友爱兄弟。

金句：千经万典，孝悌为先。——《增广贤文》

锦囊：待人接物要谦恭有礼。

金句：结交接物，恭而有礼。——［唐］房玄龄等《晋书》

锦囊：父子兄弟要讲礼仪，和谐共处。

金句：父子无礼，其家必凶；兄弟无礼，不能久同。——《晏子春秋》

锦囊：接待客人要穿戴整齐，客人才会严肃对待。

金句：衣冠不正，则宾者不肃。——《管子》

锦囊：人要吃饱穿暖，然后才能顾及礼仪。

金句：仓廪实则知礼节，衣食足则知荣辱。——《管子》

锦囊：做大事者不拘小节。

金句：大行不顾细谨，大礼不辞小让。——［西汉］司马迁《史记》

锦囊：要建立家风家训。

金句：业以整齐门内，提撕子孙。——［南北朝］颜之推《颜氏家训》

锦囊：举止要大气、稳重。

金句：萧萧肃肃，爽朗清举。——［南朝宋］刘义庆《世说新语》

锦囊：与人相处要谨慎、从容。

金句：远处从人须谨慎，少年为事要舒徐。——［唐］元稹《贻蜀五首》

锦囊：孝顺父母这件事很重要。

金句：人之行，莫大于孝。——《孝经》

悟道

不悟，即佛是众生。

一念悟时，众生是佛。

锦囊：以自我觉悟来达到解脱，不要自寻烦恼。

金句：菩提本无树，明镜亦非台，本来无一物，何处惹尘埃？

——［唐］惠能《坛经》

锦囊：每个人都能找到自己内心的平和。

金句：自性能含万法是大，万法在诸人性中。——［唐］惠能《坛经》

锦囊：禅意的生活在心里，而不在居住环境。

金句：绳床茅屋下，独坐味闲安。——［唐］耿湋《题惟干上人房》

锦囊：沉浸于修习，就可以和环境合二为一。

金句：苔侵行道席，云湿坐禅衣。——［唐］祖咏《题远公经台》

锦囊：保持内心的平和，才是真正的平静。

金句：外离相即禅，内不乱即定，外禅内定，是为禅定。——［唐］惠能《坛经》

锦囊：领悟世界的真相，有时候就在一念之间。

金句：不悟，即佛是众生；一念悟时，众生是佛。——［唐］惠能《坛经》

锦囊：事物之间可以互为因果。

金句：丝桐本异质，音响合自然。吾观造化意，二物相因缘。

——［唐］韦应物《赠李儋》

锦囊：我们都是彼此生命中的过客。

金句：无量劫来赁屋住，到头不识主人公。

——［南宋］释师体《偈颂十八首》

锦囊：要保持内心的平静。

金句：不是风动，不是幡动，仁者心动。——［唐］惠能《坛经》

锦囊：智慧不仅可以产生智慧，还可以消除愚念。

金句：一念愚即般若绝，一念智即般若生。——［唐］惠能《坛经》

锦囊：心是人和世界连接的桥梁。

金句：且心不孤起，托境方生，境不自生，由心故现。

——［唐］宗密《禅源诸诠集都序》

锦囊：当内心平静了，世间纷扰的万物也不能干扰我。

金句：一炉薪尽室空然，万象何妨在眼前。

——［唐］齐己《山中寄凝密大师兄弟》

锦囊：觉悟来自内心，不在修习的姿势。

金句：道由心悟，岂在坐耶？——［唐］惠能《坛经》

锦囊：学会知足。

金句：知足之法，即是富乐安稳之处。——《佛遗教经》

锦囊：吃亏是福。

金句：吃些亏处原无碍，退让三分也不妨。——［明］憨山德清《醒世歌》

锦囊：自然界中到处都是禅意的痕迹。

金句：竹风乱天语，溪响成龙吟。——［唐］储光羲《题辨觉精舍》

锦囊：用错误的认知方式无法认识真理。

金句：若以色见我，以音声求我，是人行邪道，不能见如来。

——《金刚经》

锦囊：用平常心对待一切烦恼。

金句：水流心不竞，云在意俱迟。——［唐］杜甫《江亭》

锦囊：了解生死，才能坦然面对生死。

金句：永愿坐长夏，将衰栖大乘。

——［唐］杜甫《陪章留后惠义寺饯嘉州崔都督赴州》

锦囊：觉悟了之后，法尚且应该舍弃，何况非法的呢？

金句：如筏喻者，须菩提，法尚应舍，何况非法。——《金刚经》

锦囊：不要执着于过去、现在或未来的任何心念或经历。

金句：过去心不可得，现在心不可得，未来心不可得。——《金刚经》

锦囊：了解世界的真相，才不会迷失自我。

金句：若明今日事，昧却本来人。——［北宋］释怀深《升堂颂古》

锦囊：春色面前，众生平等。

金句：千江同一月，万户尽逢春。——［南宋］雷庵正受《嘉泰普灯录》

锦囊：应认识到自我和万物的无常、无我、性空本质。

金句：若菩萨有我相、人相、众生相、寿者相，即非菩萨。——《金刚经》

锦囊：世事无常，不要执迷于短暂的幻象。

金句：一切有为法，如梦幻泡影。如露亦如电，应作如是观。

——《金刚经》

锦囊：不去了解世界的本质，时间只会白白流逝。

金句：举世但知叹逝水，无人微解得空花。——［唐］贯休《山居诗》

锦囊：无所束缚，才能有所觉悟。

金句：片云无定所，得力是逢渠。——［唐］贯休《寄澜公二首》

锦囊：一个不执着于任何事物的念头，是最接近万事万物的念头。

金句：应生无所住心！若心有住，即为非住。——《金刚经》

锦囊：不留恋才不会被束缚。

金句：应无所住而生其心。——《金刚经》

锦囊：心和世间万物是一体的。

金句：山河大地，日月星辰，总不出汝心。——［宋］释嗣宗《颂古》

锦囊：观察自己的内心，体验宁静的生活。

金句：看心兼送目，葭菼自依依。——［唐］崔峒《登蒋山开善寺》

锦囊：表象都是虚妄的，要看到真相。

金句：凡所有相，皆是虚妄，若见诸相非相，即见如来。——《金刚经》

锦囊：做好事不应该有所图。

金句：菩萨所作福德，不应贪着，是故说不受福德。——《金刚经》

锦囊：不要陷入执着中，要在有差别中追求世界的规律。

金句：一切贤圣，皆以无为法而有差别。——《金刚经》

锦囊：人生短暂，世事无常。

金句：艳色即空花，浮生乃焦谷。——［唐］白居易《和梦游春诗一百韵》

锦囊：去大自然中领略生命的力量。

金句：直上青霄望八都，白云影里月轮孤。——［唐］白居易《东山寺》

锦囊：真理面前众生是平等的。

金句：是法平等，无有高下。——《金刚经》

锦囊：断除杂念，保持内心清净。

金句：应如是生清净心，不应住色生心。——《金刚经》

锦囊：去除杂念、修炼智慧，可以达到圣人的境界。

金句：佛经以为祛练神明，则圣人可致。——［南朝宋］刘义庆《世说新语》

锦囊：修行者要时刻保持慈悲心和智慧心。

金句：自未得度先度人者，菩萨发心。——《楞严经》

锦囊：做事动机不纯，结果常不如人意。

金句：因地不真，果招纡曲。——《楞严经》

锦囊：要深刻了解自然规律，领悟内心世界，有自己的独特见解。

金句：木末芙蓉花，山中发红萼。涧户寂无人，纷纷且自落。

——［唐］王维《辛夷坞》

锦囊：天地万物都在一体，要能透过表象看到其本质。

金句：山河天眼里，世界法身中。——［唐］王维《夏日过青龙寺谒操禅师》

锦囊：凡事应保持谦虚和谨慎的态度，避免过于执着。

金句：不作圣心，名善境界；若作圣解，即受群邪。——《楞严经》

锦囊：殊途可以同归。

金句：归元性无二，方便有多门。——《楞严经》

锦囊：在深深的山林中无人知晓，只有一轮明月与我为伴。

金句：深林人不知，明月来相照。——［唐］王维《竹里馆》

锦囊：日暮时分，独坐在寂静的潭边，用入定来制伏尘俗的毒龙。

金句：薄暮空潭曲，安禅制毒龙。——［唐］王维《过香积寺》

锦囊：理论应与实践相结合。

金句：理则顿悟，乘悟并销；事非顿除，因次第尽。——《楞严经》

锦囊：内心的态度和对外部世界的看法是互相影响的。

金句：若能转物，则同如来。——《楞严经》

锦囊：幽静的山谷里看不见人，只能听见说话的声音。

金句：空山不见人，但闻人语响。——［唐］王维《鹿柴》

锦囊：要过简单、宁静的生活。

金句：雨中山果落，灯下草虫鸣。——［唐］王维《秋夜独坐》

锦囊：心态平和，才能心境深远。

金句：若人静坐一须臾，胜造恒沙七宝塔。——《妙法莲华经》

锦囊：心诚则灵，要相信信念的力量。

金句：若人散乱心，入于塔庙中；一称南无佛，皆共成佛道。

——《妙法莲华经》

锦囊：要保持心灵的纯净，不被世俗侵染。

金句：纵在波涛圆缺定，照尘尘亦不能侵。——［北宋］释樟不《咏月》

锦囊：人生如梦，岁月易逝，要珍惜生活。

金句：休言万事转头空，未转头时皆梦。——［北宋］苏轼《西江月》

锦囊：当下的生活就是最好的归宿。

金句：思归何必深，身世犹空虚。——［唐］王维《饭覆釜山僧》

锦囊：看清世界的真相，烦恼就没有了。

金句：空虚花聚散，烦恼树稀稠。

——［唐］王维《与胡居士皆病寄此诗兼示学人二首》

锦囊：寂静的山谷中，春山一片空寂，只有桂花无声飘落。

金句：人闲桂花落，夜静春山空。——［唐］王维《鸟鸣涧》

锦囊：平静的内心和身处的环境没有必然关系。

金句：门庭清妙即禅关，枉费黄金去买山。——［清］张问陶《禅悦二首》

锦囊：内心的修行不应该受到环境的影响。

金句：只要心光如满月，在家还胜出家时。——［清］张问陶《禅悦二首》

锦囊：持守戒律对修行来说非常重要。

金句：戒是无上菩提本，应当具足持净戒。——《华严经》

锦囊：要用心了解世界。

金句：一切世间法，唯以心为主。——《华严经》

锦囊：持有坚定信念是修行的基础。

金句：汝是当成佛，我是已成佛。常作如是信，戒品已具足。

——《梵网经》

锦囊：要守住内心的纯洁善良。

金句：看取莲花净，应知不染心。——［唐］孟浩然《题大禹寺义公禅房》

锦囊：不被外界干扰，心境才能真正平静。

金句：境随心灭，心随境无。——［唐］法融禅师《心铭》

锦囊：人生的经历只有自己承受。

金句：身自当之，无有代者。——《无量寿经》

锦囊：内心偏离了本质，行为和念头就都成了妄想。

金句：一念离真，皆为妄想。——《传心法要》

锦囊：把假的当成真的，是烦恼的来源。

金句：一切有为，如幻如焰，如水中月，如虚空华。——《大智度论》

锦囊：虚而不实逃不出生老病死。

金句：阳焰虚空花，岂得免生老。——［唐］寒山《寒山子诗集》

锦囊：培养内心修养，减少执着与烦恼。

金句：三界虚伪，唯心所作，离心则无六尘境界。——《大乘起信论》

锦囊：用心去感受世间万物。

金句：通玄峰顶，不是人间。心外无法，满目青山。——［五代］德韶《偈》

锦囊：世事纷繁，要寻求内心的平静。

金句：我不见一色，种种如斑色鸟，心复过是，所以者何？

——《杂阿含经》

锦囊：以超凡脱俗的状态，享受自在的生活。

金句：不见鹿门山，朝朝白云起。——［唐］张谓《读后汉逸人传二首》

锦囊：人生无常，珍惜生命。

金句：人去像还去，人来像以明。像有投镜意，人无合像情。

——［唐］王梵志《人去像还去》

锦囊：韶华易逝，所有美好终归虚无。

金句：开当韶景何妨好，落向僧家即是空。

——［唐］杜荀鹤《中山临上人院观牡丹寄诸从事》

锦囊：禅修要有坚定的信念。

金句：不爇香炉烟，蒲团坐如铁。尝想同夜禅，风堕松顶雪。

——［唐］顾况《宿山中僧》

锦囊：放下执念和顾虑，才能获得内心的宁静。

金句：曾向空门学坐禅，如今万事尽忘筌。

——［唐］刘禹锡《春日书怀，寄东洛白二十二杨八二庶子》

锦囊：放下执念，让心自由。

金句：不假坐禅持戒律，超然解脱岂劳功。——［唐］庞蕴《杂诗》

锦囊：有因才有果，有耕耘才有收获。

金句：欲使他人干事，彼坐享其成，必误公事。

——［清］叶廷琯《鸥陂渔话》

锦囊：了无牵挂、远离尘嚣更容易看到事物的本质。

金句：白云本无心，悠然伴幽独。对此脱尘鞅，顿忘荣与辱。

——［唐］刘长卿《游四窗》

锦囊：不要被欲望所迷惑，应追寻内心的清明和自在。

金句：远离颠倒梦想，究竟涅槃。——《般若波罗蜜多心经》

锦囊：世界其实是不真实的，只是一个假象。

金句：色不异空，空不异色，色即是空，空即是色。——《般若波罗蜜多心经》

锦囊：若能彻底放下，自可摆脱一切烦恼。

金句：照见五蕴皆空，度一切苦厄。——《般若波罗蜜多心经》

锦囊：珍惜当下，释怀过往，无畏将来。

金句：无无明，亦无无明尽，乃至无老死，亦无老死尽。

——《般若波罗蜜多心经》

修身
朝闻道，
夕死可矣。

锦囊：时光易逝，岁月不等人。

金句：日月逝矣，岁不我与。——《论语》

锦囊：要善于分辨别人的言辞。

金句：不知言，无以知人也。——《论语》

锦囊：严酷的环境考验人，也塑造人。

金句：岁寒，然后知松柏之后凋也。——《论语》

锦囊：看人、看事要全面，不要以偏概全。

金句：君子不以言举人，不以人废言。——《论语》

锦囊：要保持正直，常怀感恩，是非分明。

金句：以直报怨，以德报德。——《论语》

锦囊：做好人的助力，不做坏人的帮凶。

金句：君子成人之美，不成人之恶。——《论语》

锦囊：一个人的内心修养影响其外在行为。

金句：君子泰而不骄，小人骄而不泰。——《论语》

锦囊：路见不平，应见义勇为。

金句：见义不为，无勇也。——《论语》

锦囊：要谦虚好学，不耻于请教不如自己的人。

金句：敏而好学，不耻下问。——《论语》

锦囊：要有追求真理的勇气和信心。

金句：朝闻道，夕死可矣。——《论语》

锦囊：做人应胸怀坦荡。

金句：君子坦荡荡，小人长戚戚。——《论语》

锦囊：有过错，要勇于改正错误。

金句：过，则勿惮改。——《论语》

锦囊：活着时的事情都还没弄清楚，就别想死后的事情了。

金句：未知生，焉知死？——《论语》

锦囊：不要因为拥有财富的多少改变自己的人生态度。

金句：贫而无谄，富而无骄。——《论语》

锦囊：视金钱如浮云。

金句：不义而富且贵，于我如浮云。——《论语》

锦囊：要通过正当的途径赚钱。

金句：富与贵，是人之所欲也，不以其道得之，不处也。——《论语》

锦囊：不要传播不负责任的小道消息。

金句：道听而涂说，德之弃也。——《论语》

锦囊：遇事要有耐心并懂得适可而止。

金句：忠告而善道之，不可则止，毋自辱焉。——《论语》

锦囊：凡事要先做，后说。

金句：先行其言而后从之。——《论语》

锦囊：为了长远的计划，有时需要忍耐暂时的痛苦。

金句：小不忍则乱大谋。——《论语》

锦囊：一个人顺应内心行事，却从不出格。

金句：从心所欲，不逾矩。——《论语》

锦囊：既要注重文采也要注重质朴，才能成为真正的君子。

金句：质胜文则野，文胜质则史，文质彬彬，然后君子。——《论语》

锦囊：君子庄重又谨慎，不与人争执，合群而不结党。

金句：君子矜而不争，群而不党。——《论语》

锦囊：要以礼待人。

金句：子见齐衰者、冕衣裳者与瞽者，见之，虽少必作，过之必趋。

——《论语》

锦囊：当一个人面对死亡，才能回归生命的本质，说出真诚而善良的话。

金句：鸟之将死，其鸣也哀；人之将死，其言也善。——《论语》

锦囊：礼仪、礼貌是人的立身之本。

金句：不学礼，无以立。——《论语》

锦囊：有道德的人一定能找到知音。

金句：德不孤，必有邻。——《论语》

锦囊：君子追求道义，小人追求利益。

金句：君子喻于义，小人喻于利。——《论语》

锦囊：应该找到“识货”的人来施展自己的才能。

金句：有美玉于斯，韫椟而藏诸？求善贾而沽诸？——《论语》

锦囊：道义是第一道德标准。

金句：君子义以为上。君子有勇而无义为乱，小人有勇而无义为盗。

——《论语》

锦囊：仁义并非高不可攀，它就在我们心里。

金句：我欲仁，斯仁至矣。——《论语》

锦囊：不讲信用，就无法在世界立足。

金句：人而无信，不知其可也。——《论语》

锦囊：说话要忠实可信，做事要厚道恭敬。

金句：言忠信，行笃敬。——《论语》

锦囊：君子应坚守正道，而不是死守承诺。

金句：君子贞而不谅。——《论语》

锦囊：要约束自己的行为，使其符合仁义要求。

金句：克己复礼为仁。——《论语》

锦囊：人应该通过不断学习和努力，实现自我提升和超越。

金句：不怨天，不尤人，下学而上达。——《论语》

锦囊：君子安守穷困，小人一旦穷困就会胡作非为。

金句：君子固穷，小人穷斯滥矣。——《论语》

锦囊：不要和有勇无谋的人共事。

金句：暴虎冯河，死而无悔者，吾不与也。——《论语》

锦囊：做事要一边学习，一边思考。

金句：学而不思则罔，思而不学则殆。——《论语》

锦囊：想要提升道德修养，必须学习前人的经验和智慧。

金句：不践迹，亦不入于室。——《论语》

锦囊：对待知识，要实事求是，知道的就是知道，不知道的就是不知道。

金句：知之为知之，不知为不知，是知也。——《论语》

锦囊：要坚守自己的志向，别轻易改变。

金句：三军可夺帅也，匹夫不可夺志也。——《论语》

锦囊：凡事都要尽心尽力而为。

金句：居之无倦，行之以忠。——《论语》

锦囊：要学会将心比心，换位思考。

金句：己所不欲，勿施于人。——《论语》

锦囊：不要沉溺于对以往过错的追悔，而要用新的面貌去迎接新的生活。

金句：往者不可谏，来者犹可追。——《论语》

锦囊：坚决、果断、诚信、谨慎是仁义的基础。

金句：刚、毅、木、讷，近仁。——《论语》

锦囊：人们只有先解决了温饱问题，才能安心学习、提高道德修养。

金句：贫而无怨难，富而无骄易。——《论语》

锦囊：每个人身上都有值得学习的地方。

金句：三人行，必有我师焉。择其善者而从之，其不善者而改之。

——《论语》

锦囊：知道的不如爱好的，爱好的不如能从中得到乐趣的。

金句：知之者不如好之者，好之者不如乐之者。——《论语》

锦囊：年轻人是“潜力股”，将来必有一番作为。

金句：后生可畏，焉知来者之不如今也？——《论语》

锦囊：向优秀的人学习，同时，要学会自我反省。

金句：见贤思齐焉，见不贤而内自省也。——《论语》

锦囊：要尊重和继承父母的意愿，不要随意改变。

金句：三年无改于父之道，可谓孝矣。——《论语》

锦囊：读书人就应该勤奋刻苦，千万不要贪图安逸。

金句：士而怀居，不足以为士矣。——《论语》

锦囊：要学会趋善避恶。

金句：见善如不及，见不善如探汤。——《论语》

锦囊：要为了大局而团结，而不是为了个人利益相互勾结。

金句：君子周而不比，小人比而不周。——《论语》

锦囊：要注重简约务实。

金句：礼，与其奢也，宁俭。——《论语》

锦囊：做老师要因材施教，不能只是让学生死记硬背。

金句：记问之学，不足以为人师，必也听语乎！——《礼记》

锦囊：尊师重道，民众才会懂得敬重学业。

金句：凡学之道，严师为难。师严然后道尊，道尊然后民知敬学。

——《礼记》

锦囊：做表率的人要严于律己。

金句：政者，正也。君为正，则百姓从政矣。——《礼记》

锦囊：不能任由傲慢、欲望、自满、享乐的风气滋长。

金句：傲不可长，欲不可从，志不可满，乐不可极。——《礼记》

锦囊：要恩威并施，赏罚分明。

金句：以德报德，则民有所劝；以怨报怨，则民有所惩。——《礼记》

锦囊：埋头苦学，不和别人交流，就容易见识浅薄。

金句：独学而无友，则孤陋而寡闻。——《礼记》

锦囊：修心是一个循序渐进的过程，内心的真诚和端正是其基础。

金句：欲修其身者，先正其心；欲正其心者，先诚其意。——《礼记》

锦囊：越是善于学习的人，越会尊敬老师。

金句：善学者，师逸而功倍，又从而庸之；不善学者，师勤而功半，又从而怨之。——《礼记》

锦囊：减少欲望和需求可以养心。

金句：养心莫善于寡欲。——《孟子》

锦囊：成大事之前必先经历磨炼。

金句：天将降大任于是人也，必先苦其心志，劳其筋骨，饿其体肤，空乏其身，行拂乱其所为，所以动心忍性，曾益其所不能。

——《孟子》

锦囊：成长是一步一步完成的，做事要持之以恒。

金句：虽有天下易生之物也，一日暴之，十日寒之，未有能生者也。

——《孟子》

锦囊：真正的君子应具备坚定的品格和高尚的情操。

金句：富贵不能淫，贫贱不能移，威武不能屈。——《孟子》

锦囊：不做违背自己意愿和道德的事情。

金句：无为其所不为，无欲其所不欲。——《孟子》

锦囊：一个人能力越大，责任就越大。

金句：穷则独善其身，达则兼济天下。——《孟子》

锦囊：要善良待人。

金句：君子莫大乎与人为善。——《孟子》

锦囊：勤于思考，必有所得。

金句：心之官则思，思则得之，不思则不得也。——《孟子》

锦囊：要有推己及人的仁爱之心。

金句：老吾老，以及人之老；幼吾幼，以及人之幼。——《孟子》

锦囊：良好的行为会有良好的回报。

金句：君子以仁存心，以礼存心；仁者爱人，有礼者敬人。——《孟子》

锦囊：做人要无愧于心。

金句：仰不愧于天，俯不怍于人。——《孟子》

锦囊：凡事坚持到底就是胜利。

金句：锲而舍之，朽木不折；锲而不舍，金石可镂。——《荀子》

锦囊：君子要追求完美的人格。

金句：天见其明，地见其光，君子贵其全也。——《荀子》

锦囊：笨鸟先飞。

金句：夫骥一日而千里，驽马十驾则亦及之矣。——《荀子》

锦囊：诚信是最好的修为。

金句：君子养心莫善于诚。——《荀子》

锦囊：智慧就是说适当的话和适当地不说话。

金句：言而当，知也；默而当，亦知也。——《荀子》

锦囊：学习不一定要走仕途为官，但走仕途必须要经过学习。

金句：学者非必为仕，而仕者必如学。——《荀子》

锦囊：只有知道更好的，才能发现自己的不足。

金句：不登高山，不知天之高也；不临深溪，不知地之厚也。——《荀子》

锦囊：不断学习和反省会使人变得聪明。

金句：君子博学而日参省乎己，则知明而行无过矣。——《荀子》

锦囊：要以礼义道德作为日常行为标准。

金句：礼者，所以正身也。——《荀子》

锦囊：君子要坚守原则，始终如一。

金句：故君子敬始而慎终，始终如一，是君子之道，礼仪之文也。

——《荀子》

锦囊：不思考就没有收获，不行动就不会成功。

金句：弗虑胡获？弗为胡成？——《尚书》

锦囊：要用别人的成功激励自己。

金句：人之有技，若己有之。——《尚书》

锦囊：做人要谦虚。

金句：满招损，谦受益。——《尚书》

锦囊：要严格要求自己，对待别人要宽容。

金句：与人不求备，检身若不及。——《尚书》

锦囊：在面对未知情况时，要善于运用已有的知识和经验来进行预测和推断。

金句：以往知来，以见知隐。——《墨子》

锦囊：应保持勤俭，切勿奢靡。

金句：俭节则昌，淫佚则亡。——《墨子》

锦囊：人们都喜欢谦虚的人而不喜欢骄傲的人。

金句：人道恶盈而好谦。——《周易》

锦囊：与其隐藏自己的短处，不如取长补短。

金句：君子不隐其短，不知则问，不能则学。——［汉］董仲舒《春秋繁露》

锦囊：即使在外界压力下，一个人的坚定信念和高尚品德也不会改变。

金句：石可破也，而不可夺坚；丹可磨也，而不可夺赤。

——［战国］吕不韦等《吕氏春秋》

修心
色盛者骄，力胜者奋，
为可以语道也。

锦囊：做人要懂得满招损，谦受益。

金句：天之道，损有余而补不足。——［春秋］老子《道德经》

锦囊：通过学习古人的经验，解决现实的问题。

金句：执古之道，以御今之有。——［春秋］老子《道德经》

锦囊：只有按照客观规律做事才能获得成功。

金句：善为士者不武；善战者不怒；善胜敌者不与；善用人者为之下。——［春秋］老子《道德经》

锦囊：做人应追求真诚自然、朴实无华。

金句：故大丈夫处其厚，不居其薄；处其实，不居其华。——［春秋］老子《道德经》

锦囊：静观世界的变化，了解自然的规律。

金句：致虚极，守静笃。万物并作，吾以观复。——［春秋］老子《道德经》

锦囊：应学会知足常乐。

金句：祸莫大于不知足，咎莫大于欲得。——［春秋］老子《道德经》

锦囊：路要一步一步走，事要一点一点做。

金句：千里之行，始于足下。——［春秋］老子《道德经》

锦囊：道德修养高的人好比婴儿，无争无斗，无欲无求。

金句：含德之厚，比于赤子。——［春秋］老子《道德经》

锦囊：从简单的地方入手去克服困难。

金句：图难于其易，为大于其细。——［春秋］老子《道德经》

锦囊：做任何决定时，都不要太过自私。

金句：圣人无常心，以百姓心为心。［春秋］老子——《道德经》

锦囊：真正的强大，不是战胜他人，而是战胜自己。

金句：胜人者有力，自胜者强。——［春秋］老子《道德经》

锦囊：要遵守阴阳和谐平衡的自然规律。

金句：负阴抱阳，冲气为和。——［春秋］老子《道德经》

锦囊：做事要厚道，做人要实在。

金句：大丈夫处其厚，不居其薄。——［春秋］老子《道德经》

锦囊：做人应保持纯真和自然的态度。

金句：敦兮其若朴，旷兮其若谷。——［春秋］老子《道德经》

锦囊：在应对各种挑战时，都要顺应自然、因势利导。

金句：执大象，天下往。往而不害，安平泰。——［春秋］老子《道德经》》

锦囊：成就都是一点一点积累起来的。

金句：合抱之木，生于毫末；九层之台，起于累土。

——［春秋］老子《道德经》

锦囊：做事应踏踏实实地努力，不要好高骛远。

金句：企者不立，跨者不行。——［春秋］老子《道德经》

锦囊：自始至终保持初心，做事情就会成功。

金句：慎终如始，则无败事。——［春秋］老子《道德经》

锦囊：处理难事要从简单方面入手，处理大事要从细微地方做起。

金句：天下难事，必作于易，天下大事，必作于细。——［春秋］老子《道德经》

锦囊：当人民不再畏惧统治者的时候，统治者的危机就到来了。

金句：民不畏威，则大威至矣。——［春秋］老子《道德经》

锦囊：不要过度立法，使人无所适从。

金句：法令滋彰，盗贼多有。——［春秋］老子《道德经》

锦囊：治理国家要小心谨慎，不要频繁改变政策，否则容易造成混乱。

金句：治大国若烹小鲜。——［春秋］老子《道德经》

锦囊：圣人要顺应自然规律，以身作则。

金句：圣人处无为之事，行不言之教。——［春秋］老子《道德经》

锦囊：无私地帮助他人，会获得内心的满足。

金句：既以为人，己愈有；既以与人，己愈多。——［春秋］老子《道德经》

锦囊：看起来矛盾的事物，互相之间也是可以相互依存、相互转化的。

金句：有无相生，难易相成，长短相较，高下相倾。——［春秋］老子《道德经》

锦囊：做人要尊重自然，敬畏自然。

金句：人法地，地法天，天法道，道法自然。——［春秋］老子《道德经》

锦囊：要辩证地看待事物。如果天下人都认为某个事物是美善的，这就已经不是美善了。

金句：天下皆知美之为美，斯恶已。皆知善之为善，斯不善已。

——［春秋］老子《道德经》

锦囊：事物是对立统一的，有时弱就是强。

金句：反者道之动；弱者道之用。——［春秋］老子《道德经》

锦囊：做人应品德高尚，不争不抢。

金句：水善利万物而不争。——［春秋］老子《道德经》

锦囊：不居功自傲，就不会失去功绩。

金句：夫唯弗居，是以不去。——［春秋］老子《道德经》

锦囊：达到了无为的状态，就无所不能为了。

金句：为无为，则无不治。——［春秋］老子《道德经》

锦囊：一个人在浮躁的俗尘中看起来昏昏沉沉，其实可能是最清醒的。

金句：俗人昭昭，我独昏昏。俗人察察，我独闷闷。——［春秋］老子《道德经》

锦囊：要时刻保持内心的善良和正直。

金句：修之于身，其德乃真。——［春秋］老子《道德经》

锦囊：应遵循事物发展的基本规律。

金句：道者万物之始，大道至简，衍化无穷。——［春秋］老子《道德经》

锦囊：成功后保持谦逊低调才符合自然之道。

金句：功遂身退，天之道。——［春秋］老子《道德经》

锦囊：凡事如果能抛弃私心，先人后己，反而对自己更加有利。

金句：天地所以能长且久者，以其不自生，故能长生。

——［春秋］老子《道德经》

锦囊：顺应自然，无所执着，可以避免失败和失去。

金句：圣人无为，故无败；无执，故无失。——［春秋］老子《道德经》

锦囊：无论万物如何变化，最终都会回归其本源。

金句：夫物芸芸，各复归其根。——［春秋］老子《道德经》

锦囊：学习是没有尽头的。

金句：吾生也有涯，而知也无涯。——［战国］庄周《庄子》

锦囊：要学会珍惜时间，享受人生。

金句：人生天地间，若白驹之过郤，忽然而已。——［战国］庄周《庄子》

锦囊：乐观的心态可以抵御烦恼。

金句：安时而处顺，哀乐不能入也。——［战国］庄周《庄子》

锦囊：过度干预反而会破坏事物发展的自然规律。

金句：利害相摩，生火甚多，众人焚和，月固不胜火，于是乎有僓然而道尽。

——［战国］庄周《庄子》

锦囊：要有充分的积累，才有成功的底气。

金句：水之积也不厚，则其负大舟也无力。——［战国］庄周《庄子》

锦囊：唯有真诚，才能打动别人。

金句：不精不诚，不能动人。——［战国］庄周《庄子》

锦囊：欲望过多的人，智慧往往不足。

金句：其嗜欲深者，其天机浅。——［战国］庄周《庄子》

锦囊：一个人只有内心平静，才能看清自己。

金句：人莫鉴于流水，而鉴于止水，唯止能止众止。——［战国］庄周《庄子》

锦囊：枪打出头鸟。

金句：直木先伐，甘井先竭。——［战国］庄周《庄子》

锦囊：不要因外部环境影响内心的志向。

金句：不以物挫志。——［战国］庄周《庄子》

锦囊：人性多变，不可预测。

金句：凡人心险于山川，难于知天。——［战国］庄周《庄子》

锦囊：有大智慧的人往往胸怀坦荡。

金句：大知闲闲，小知间间；大言炎炎，小言詹詹。——［战国］庄周《庄子》

锦囊：应把天地万物看成一个有机的整体。

金句：天地一指，万物一马。——［战国］庄周《庄子》

锦囊：不要用自己的标准去衡量别人。

金句：子非鱼，安知鱼之乐？——［战国］庄周《庄子》

锦囊：万物平等，无贵贱之分。

金句：以道观之，物无贵贱。——［战国］庄周《庄子》

锦囊：顺其自然就是最好的做法。

金句：无为而尊者，天道也；有为而累者，人道也。——［战国］庄周《庄子》

锦囊：时刻保持内心的平衡和淡然，不要被外界的声音所影响。

金句：至乐无乐，至誉无誉。——［战国］庄周《庄子》

锦囊：要注意劳逸结合，避免身心过度劳累。

金句：形劳而不休则弊，精用而不已则劳，劳则竭。——［战国］庄周《庄子》

锦囊：生活中的诱惑，小的会扰乱我们的判断，大的会让我们迷失自我。

金句：夫小惑易方，大惑易性。——［战国］庄周《庄子》

锦囊：轻装上路，才能一路向前。

金句：背负青天而莫之夭阏者，而后乃今将图南。——［战国］庄周《庄子》

锦囊：小见识不如大见识，小智慧不如大智慧。

金句：朝菌不知晦朔，蟪蛄不知春秋。——［战国］庄周《庄子》

锦囊：不要被名声、功绩等束缚。

金句：至人无己，神人无功，圣人无名。——［战国］庄周《庄子》

锦囊：有时候，无用反而是一种自我保护。

金句：是不材之木也，无所可用，故能若是之寿。——［战国］庄周《庄子》

锦囊：过分关注荣辱影响心理健康。

金句：荣辱立然，后睹所病。——［战国］庄周《庄子》

锦囊：做事要顺其自然。

金句：目之于明也殆，耳之于聪也殆，心之于殆也殆。

——［战国］庄周《庄子》

锦囊：要给别人表达的机会。

金句：言者有言，其所言者特未定也。——［战国］庄周《庄子》

锦囊：好的文化要薪火相传。

金句：指穷于为薪，火传也，不知其尽也。——［战国］庄周《庄子》

锦囊：长久与贤人相处，就不会有过错。

金句：鉴明则尘垢不止，止则不明也。久与贤人处则无过。

——［战国］庄周《庄子》

锦囊：摒弃琐碎小智，摆脱刻意善行。

金句：去小知而大知明，去善而自善矣。——［战国］庄周《庄子》

锦囊：凡事在初起时都有征兆。

金句：见一叶落，而至岁之将暮。——［西汉］刘安《淮南子》

锦囊：在困境中才能看出一个人的真本事。

金句：舟覆乃见善游，马奔乃见良御。——［西汉］刘安《淮南子》

锦囊：邪不压正。

金句：正身直行，众邪自息。——［西汉］刘安《淮南子》

锦囊：只要你想学习，总会挤出时间来的。

金句：谓学不暇者，虽暇亦不能学矣。——［西汉］刘安《淮南子》

锦囊：人生总是处于得失之间，应抱持顺其自然的态度。

金句：塞翁失马，焉知非福？——［西汉］刘安《淮南子》

锦囊：凡事尽心尽力就好，保持淡定的心性，反而容易获得成功。

金句：不贪最先，不恐独后。——［西汉］刘安《淮南子》

锦囊：正确和错误都是相对的。

金句：理无常是，事无常非。——［战国］列御寇《列子》

锦囊：探知他人的隐私是一件很危险的事情。

金句：察见渊鱼者不祥，智料隐匿者有殃。——［战国］列御寇《列子》

锦囊：成大事者不拘小节。

金句：治大者不治细，成大功者不成小。——［战国］列御寇《列子》

锦囊：年轻时容易气盛，不懂得收敛，要戒骄戒躁。

金句：色盛者骄，力胜者奋，为可以语道也。——［战国］列御寇《列子》

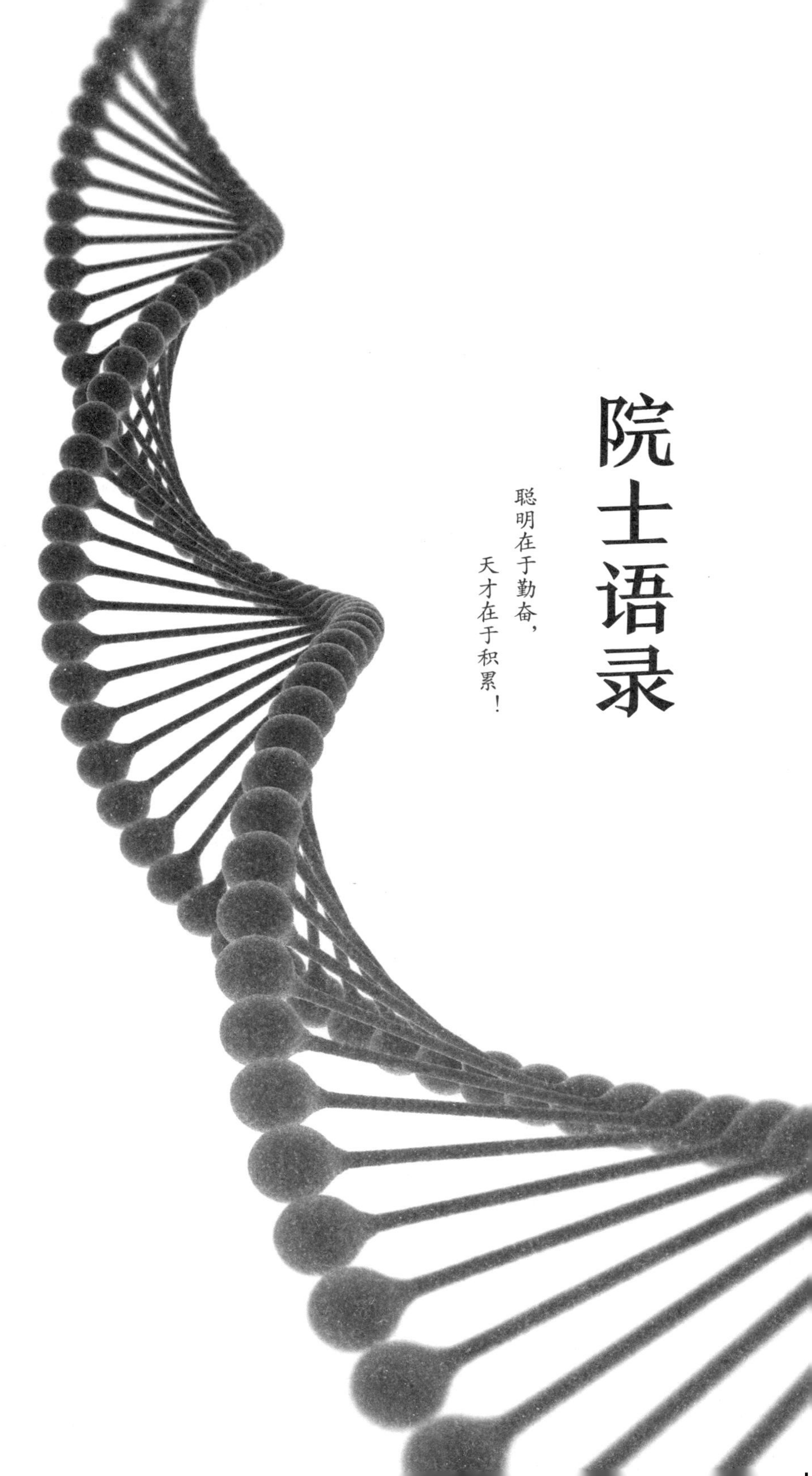

院士语录

聪明在于勤奋，天才在于积累！

真正的科学精神，是要从正确的批评和自我批评发展出来的。真正的科学成果，是要经得起事实考验的。有了这样双重的保障，我们就可以放心大胆地去做，不会自掘妄自尊大的陷阱。——李四光院士

思想同与肌肉，多予训练，并能发达。——竺可桢院士

大自然即是一册完好教本，一粒花种种入于地，由发芽而至成长、开花、结子，若日日注意考察其生长状况，则所得何尝不胜读一册自然教本也。

——竺可桢院士

人的大脑和肢体一样，多用则灵，不用则废。在掌握了所读东西的记忆特征后，就惟有勤奋二字了。——茅以升院士

困难只能吓倒懦夫懒汉，而胜利永远属于敢于攀登科学高峰的人。

——茅以升院士

培养学生必须与国家命运相连，要反映时代的需求，不是简单的学术追求或独善其身的自我修养，而是造就学生，献身国家。

——叶企孙院士

纯粹科学和应用科学须两者并重。纯粹科学的目标，应着重在养成对于研究的兴趣；应用科学方面，则应明定目标，切实去做。

——叶企孙院士

只要我一息尚存，我存在的场所便是病房，存在的价值就是医治病人。

——林巧稚院士

看病不是修理机器，医生不能做纯技术专家，不能只凭数字报告下结论、开处方。

——林巧稚院士

关爱，是医生给病人的第一张处方。

——林巧稚院士

一个新的科学理论必须同时满足三个条件：一要能说明旧理论能说明的现象；二要能解释旧的科学理论所不能解释的现象；三要能预见到新的科学现象并能用实验证明它。

——周培源院士

学校是一个搞学问的场所，而学术活动的特色乃是它的独创和革新，它的追求真理的大无畏精神和尊重实际的科学态度。

——周培源院士

我一生最大的希望，就是能再次从自己手中找到中国猿人的化石。

——裴文中院士

我年轻的时候做过作家梦，但家里不富裕，上大学只能上不要学费的地质系，毕业时正好赶上周口店开始大规模发掘，我就闯去了，后来误打误撞，就撞上了“北京人”。

——裴文中院士

脑子里应多存放几个问题，一个问题想不通就去想另一个，有机会就去请教别人，这样才能进步快。

——王淦昌院士

我们不能用钱从国外买来一个现代化，而必须靠自己艰苦奋斗，才能创造出来。 ——王淦昌院士

中国发展人造卫星要走自力更生的道路，要由小到大，由低级到高级。

——赵九章院士

一名真正的科学家，只有将身心全部奉献给科学事业，只有一步一个脚印地去攀登科学高峰，只有发扬团队精神，只有不断超越自我，才能有所作为。 ——王应睐院士

我作为一个中国人，有责任回到祖国，和人民一道，共同建设我们美丽的山河！ ——郭永怀院士

我们这一代，你们以及以后的二三代要成为祖国力学事业的铺路石子！

——郭永怀院士

一旦功成千锤炼，不经意处百年愁。 ——汪猷院士

我所做的事情都离不开集体的智慧，我所取得的成绩都是我所在的集体成员共同努力的结果，我只是做了我该做的事。 ——汪猷院士

聪明在于勤奋，天才在于积累！ ——华罗庚院士

朋友们，梁园虽好，非久居之乡。归去来兮！为了抉择真理，我们应当

回去，为了国家民族，我们应当回去，为了为人民服务，我们也应当回去，就是为了个人出路，也应当早日回去，建立我们工作的基础，为我们伟大祖国的建设和发展而奋斗！ ——华罗庚院士

在科学研究中最主要的精神之一是创新精神。只是跟着别人的脚印走路，那就总要落后别人一步。 ——华罗庚院士

科学工作千万不能固执己见。缺乏勇于认错的精神，是会吃大亏的。

——钱学森院士

我很高兴能回到自己的国家，我不打算再回美国，今后我将竭尽努力，和中国人民一道建设自己的国家，使我的同胞能过上有尊严的幸福生活。

——钱学森院士

在探索未知领域时，难免会遇到失败，这需要执著追求的精神。只要你认为是正确的，只要你认为是正确的方向，就要执著地追寻，只有这样才能取得巨大的成就。 ——侯祥麟院士

我就要做人梯，让年轻同志从我肩膀上走过去。我把我的学生培养起来，就是我最大的安慰。 ——王承书院士

虽然科学没有国界，科学家却是有祖国的。祖国再穷，是自己的。而且正因她贫穷落后，更需要我们去努力改变她的面貌。 ——钱三强院士

学习是为了独创，既能钻进去，也能出得来，钻进去是手段，出得来才是目的，也就是要取各家之长走自己的路。——钱三强院士

学术不是凭空的学术，是属于社会的，必须服从直接的或者间接的服从于社会的需求、需要。——罗沛霖院士

各行各业的人只要自己做出成绩、做出水平，都是国家需要的。

——何泽慧院士

只有通过自己的实践，才能把知识真正学到手，打上个人的烙印，终生不忘，也才能真正深入，并进一步实现发明创造。——王大珩院士

回国不需要理由，不回国才需要理由。——彭桓武院士

要提倡独立思考。老话说“打破砂锅问到底”，这是形容人的求知欲旺盛，如果把它理解为不要独立思考，什么都从头问到底，那就错了。

——卢嘉锡院士

我有一支能透视未来的望远镜，通过它我看到了一个年过五千多岁的中华民族站在珠峰之顶，面带慈祥的微笑，遥望着远方。

——叶笃正院士

科技人员判断问题，特别是技术问题的根据，就是科学和实际。

——任新民院士

人生路必曲，仍须立我志。竭诚为国兴，努力不为私。

——陈芳允院士

求知、求实与实践永远没有止境，既要有“天行健，君子以自强不息”的精神，又要有“厚德载物”的气度。——吴征镒院士

在成绩面前，要尽量考虑别人的贡献；失败了，要尽量考虑自己的责任。

——黄纬禄院士

一位致力于科学事业的工作者，在自己的奉献中能让百姓大获裨益，没有比这让人深感欣慰和幸福的事了。——刘东生院士

人类探索太空的旅程充满艰险，发生事故在所难免，但事故并不能阻挡人类开发太空的脚步。——屠守锷院士

我是属蛇的，离属马只差二十几天。我更愿自己属马，一匹老马，老骥伏枥，志在千里。——吴自良院士

无论是50年代还是80年代，甚至21世纪，有一个我们大家必须遵循的共同点，那就是，凡是炎黄子孙，你应该把你的黄金时代贡献给祖国的科学事业。

——林兰英院士

在科学探索上，不迷信权威，敢于离经叛道，实质上就是一种批判精神和追求真理的精神。——程开甲院士

我会继续努力，不能到此为止，不能在功劳簿上躺着不动，我要继续搞下去。 ——吴文俊院士

崇尚科学，求是求真，宽广胸怀，拼搏奉献。 ——杨嘉墀院士

我做事情是以国家的利益为重，只要我的想法能够实现，能够为国家得到好处，我就心满意足了。 ——杨嘉墀院士

搞教学工作并没影响我发挥聪明才智，而是从另一方面增长了才干，实现了自身价值。 ——黄昆院士

青年人应该立志建大功、立大业，但也要能够耐得住“平凡”。一个人没有成为伟大的人物是可以原谅的，因为他需要特殊的能力与机遇；但若没当好一块“平凡”的砖瓦，却是不可原谅的。 ——谢家麟院士

快乐是一种相对的情绪，要有一个参考坐标系。快乐不快乐，就看你的坐标原点怎么定。 ——徐光宪院士

人生成功之路，智慧、体魄是基础，勤奋、进取是动力，素质、品德是保证，环境、机遇是条件。 ——师昌绪院士

把我们的血汗洒在祖国的土地上，灌溉出灿烂的花朵。

——朱光亚院士